Leunora Salihu

Gravity on a Journey

DISTANZ

Leunora Salihu

Gravity on a Journey

Kunstsammlung Nordrhein-Westfalen, Düsseldorf
K21 Ständehaus

Bel Etage

Im Jahr 2012 hatte ich das Vergnügen, Mitglied der Jury zur Verleihung des von der NATIONAL-BANK ausgelobten internationalen Bergischen Kunstpreises zu sein. Die Auswahl des Preisträgers fiel schwer, denn 280 Bewerber hatten hochkarätige Arbeiten eingereicht. Nach langen und intensiv geführten Diskussionen verständigte sich die Jury darauf, den Preis zu teilen. Neben Jochen Mühlenbrink, einem Schüler von Markus Lüpertz, entschieden wir uns für die 1977 im Kosovo geborene Bildhauerin Leunora Salihu.

Ausgezeichnet wurde ihre Arbeit *Säule* aus dem Jahr 2011 mit der Begründung, diese Arbeit kennzeichne eine unverwechselbare künstlerische Sprache, denn zum einen sei es – von der Bezeichnung erwartungswidrig – eine horizontale Arbeit, zum anderen suggeriere das der Architektur entlehnte Motiv eine Statik, die durch eine In-sich-Drehung eine bewegliche, eine dynamische Struktur erhält.

Das erste Treffen mit Leunora Salihu fand wenige Wochen später statt. Anlass waren Laudatio und Übergabe des Preises. Ich freute mich auf die Begegnung, gab sie doch Gelegenheit, die Künstlerin persönlich und ihr Werk unmittelbar kennenzulernen. Weitere Treffen folgten – in ihrem Atelier, in Museen oder Galerien. Mit verschiedenen Ankäufen unterstrich die NATIONAL-BANK die Anerkennung der Künstlerin und die Wertschätzung ihrer Skulpturen.

Für ihre zumeist abstrakten Arbeiten, die sich in Form und Größe stark unterscheiden, verwendet Leunora Salihu Holz, Multiplexplatten, Kunststoffe oder Ton. Aber auch andere Materialien wie Aluminium, Gips oder Keramik zieht sie für sich in Betracht. Charakteristisch ist die außerordentliche Materialkenntnis, die ihr eigen ist. Sie bildet die Basis aller Arbeiten, denn die Eigenschaften der Werkstoffe bestimmen letztlich die endgültige Form der Objekte. Obwohl äußerst sensibel, ist der Umgang mit den unterschiedlichen Materialien überaus kraftvoll, ja vielleicht sogar durch Rigorosität in dem Sinn gekennzeichnet, kompromisslos bis an die Grenzen der Belastbarkeit der jeweiligen Werkstoffe zu gehen. Mitunter wirken ihre Skulpturen konstruktiv, regelrecht technisch, ohne jedoch der Gefahr zu erliegen, ihre sinnliche oder haptische Dimension dem Gestaltungsanspruch zu opfern. „Meine bildhauerische Arbeit ist geprägt von der Auseinandersetzung mit Verhältnissen und Eigenschaften von Material und Raum“, beschreibt Leunora Salihu ihre Kunst. „Ich reihe zum Beispiel verschiedene Formenelemente aneinander, um ein

Geleitwort

Dr. Thomas A. Lange
Vorsitzender des Vorstandes
NATIONAL-BANK Aktiengesellschaft

Zusammenspiel von Leichtigkeit und Schwere oder die Wirkung von Bewegung im Raum zu erforschen.“

Eine besondere Bedeutung kommt den Sockeln ihrer Werke zu. „Die Beziehung zwischen dem Sockel und der Skulptur ist ein tragendes Thema meiner Arbeit“, so die Künstlerin. „Der Sockel kann Partner, dienender Begleiter, ein Gegenstück von der Skulptur oder gar die Skulptur selbst sein“, beschrieb Leunora Salihu das Verhältnis in einem Interview des Goethe-Instituts, dessen Stipendiatin sie 2014 in Tel Aviv gewesen ist. Damit relativiert sie die bildhauerische Präsentationsfunktion, die den Sockel in kunsttheoretischer bzw. -historischer Hinsicht kennzeichnet.

Der Titel der Ausstellung „Gravity on a Journey“ charakterisiert das Selbstverständnis der Künstlerin und verdeutlicht den Maßstab, den sie an ihre Kunst anlegt. „Gravity on a Journey“ hat zugleich eine autobiografische Komponente – die einschneidenden und ihr Leben prägenden Erlebnisse des Bürgerkrieges und die Flucht aus dem Kosovo.

Aus der ersten Begegnung mit Leunora Salihu ist eine Freundschaft geworden, verschiedene gemeinsame Projekte säumen den Weg. Dazu gehört auch die Förderung dieser Ausstellung. Wir haben die Künstlerin gerne unterstützt. Nach der Beteiligung an der von ihrem Lehrer Tony Cragg initiierten und ebenfalls von der NATIONAL-BANK ermöglichten Werkschau „Die Bildhauer“ 2013 in der Kunstsammlung Nordrhein-Westfalen K20 am Grabbeplatz ist es nun eine Einzelpräsentation der Künstlerin in der Bel Etage des K21 Ständehaus. Wie stets ist die Förderung kein singuläres Engagement, sondern die gelebte Nachhaltigkeit des kulturellen und gesellschaftlichen Engagements der NATIONAL-BANK. Im Namen sowohl meiner Kolleginnen und Kollegen als auch aller Mitarbeiterinnen und Mitarbeiter der NATIONAL-BANK wünsche ich dieser Ausstellung den Erfolg, der dem hohen Anspruch Leunora Salihus an ihr künstlerisches Schaffen entspricht.

In the year 2012, I had the pleasure of being a jury member for the international Bergischer Kunstpreis, awarded by the NATIONAL-BANK. Selecting the winner proved to be a difficult task, in that 280 applicants had submitted high-quality works. Following long, heated discussions, the jury agreed on dividing the prize. Along with Jochen Mühlenbrink, a student of Markus Lüpertz, we chose the sculptor Leunora Salihu, who was born in 1977 in Kosovo.

Her piece *Säule* (Column) from the year 2011 was awarded on the grounds that the work is characterized by an unmistakable artistic language: on the one hand, against all expectation given the name, it is a horizontal piece, and on the other the motif, borrowed from architecture, suggests a stasis that takes on a moving, dynamic structure through a kind of turning on its own axis.

Our first meeting with Leunora Salihu took place only a few weeks later, on the occasion of the laudatory speech and award ceremony. I was looking forward to the occasion, because it offered an opportunity to get to know the artist and her work personally. Subsequent meetings followed—in her studio, in museums and galleries. The NATIONAL-BANK acquired several works to underscore its recognition of the artist and the esteem it holds her art in.

Leunora Salihu uses wood, plywood sheets, plastics, and clay for her works, which are for the most part abstract and which vary widely in form and size, as well as materials such as aluminum, plaster, and ceramics. The sculptures are characterized by Salihu's extraordinary command of materials, which forms the basis of all her works in that the properties of these materials ultimately determine the objects' final form. Although her approach to these various materials is highly sensitive, it is also enacted with great force and even a kind of rigor in the sense of pushing relentlessly to the limits of each material's innate capacity. Some of the sculptures come across as constructive and even technological, without, however, falling prey to the danger of sacrificing their sensual and haptic dimension to a formal agenda. "My sculptural work is marked by an investigation into the conditions and properties of material and space," states Leunora Salihu when describing her work. "I create, for instance, a sequence of various formal elements in order to study the interplay of lightness and heaviness or the effects of movement in space."

Pedestals take on a special status in her work. "The relationship between the pedestal and the sculpture is a major theme in my art," says the artist. "The pedestal can be a partner, a serving companion, a counterpart of the sculpture, or

Introduction

Dr. Thomas A. Lange
Vorsitzender des Vorstandes
NATIONAL-BANK Aktiengesellschaft

even the sculpture itself," explains Leunora Salihu in an interview with the Goethe Institute, which awarded her a grant to Tel Aviv in 2014. In describing the relationship thus, she relativizes the pedestal's theoretical and art historical function as a presentation surface for sculpture.

The title of the exhibition, "Gravity on a Journey," characterizes the way in which the artist views her work, and it demonstrates the standard the artist applies to her art. "Gravity on a Journey" also has an autobiographical component—the seminal experiences of civil war and flight from Kosovo that left a deep mark on the artist's life.

Since my initial encounter with Leunora Salihu, a friendship has grown between us. A number of common projects have come about as a result. One of these has been our sponsorship of this exhibition: it is our pleasure to support the artist. Following her participation in the 2013 exhibition "Die Bildhauer" (The Sculptors) at the Kunstsammlung Nordrhein-Westfalen K20 at Grabbeplatz, initiated by her teacher Tony Cragg and also sponsored by the NATIONAL-BANK, is the artist's current solo presentation in the Bel Etage of the K21 Ständehaus. As always, our sponsorship is not a singular act, but a sustained cultural and social commitment on the part of the NATIONAL-BANK. In the name both of my colleagues and all staff at the NATIONAL-BANK, I wish this exhibition all the success that Leunora Salihu's high expectations for her artistic work deserve.

In der Bel Etage des K21 werden in loser Folge Ausstellungen eingerichtet, die sich klar definierten Werkkomplexen widmen. Nach Roman Ondák, Susan Philipsz, Imi Knoebel, Thomas Schütte, Katharina Sieverding und Wolfgang Tillmans hat dieses Mal zu unserer großen Freude die Bildhauerin Leunora Salihu die Einladung angenommen, an diesem Ort ihre neuen Arbeiten zu installieren. Die drei nach Norden ausgerichteten Räume des Ständehauses verfügen über ein einzigartiges indirektes Licht, das für Skulpturen besonders gut geeignet ist. Salihus Arbeiten können hier in einen unmittelbaren und zugleich von großer Ruhe geprägten Dialog mit der Natur des Parks vor dem Gebäude treten. Der sachliche Charakter der mit großer Präzision geschaffenen Skulpturen steht in reizvollem Gegensatz zu der reichen Vegetation. Der Titel der Ausstellung „Gravity on a Journey“ unterstreicht die Spannung, denn Reisende überwinden Mühen und Schwerkraft, wenn sie die Leichtigkeit neuer Erfahrungen trägt.

Die Ausstellung vereint Werke, deren Titel – *Boot, Propeller, Treppe, Urknall* oder *Chip* – an Nützliches, an Alltag, manche an technisches Gerät oder naturwissenschaftliche Inhalte erinnern. Bei näherer Betrachtung wird jedoch klar, dass die Objekte allein dem Formwillen gehorchen und dass diese Form für sich steht.

Vorwort

Gravity on a Journey

Anette Kruszynski

Die Kunst hat – um noch einmal daran zu erinnern – keinen Auftrag zu erfüllen. Und Salihu ist nicht an einer Dokumentation oder Aufarbeitung von Persönlichem oder politisch-gesellschaftlichen Ereignissen interessiert. Es geht auch nicht um eine schnelle Geste, um Expression oder einen intuitiven Wurf. Die Künstlerin entwickelt ihre Werke aus der Zeichnung heraus, und erst, wenn sich die Anordnung in diesem Medium als tauglich erwiesen hat, überträgt sie sie in eine raumgreifende Form. Dass es allein um die Definition der Form in der dritten Dimension geht, findet eine Entsprechung in dem langen Prozess, den die Künstlerin für die Materialfindung und -bearbeitung braucht.

Wir danken Leunora Salihu für ihre spontane Zusage auf unsere Einladung in die Bel Etage. Die ruhige und explizite Art, mit der sie ihr Konzept umsetzte, machten die Zusammenarbeit zu einem großen Vergnügen. Die Künstlerin zeichnet auch für den Katalog verantwortlich, den Adeline Morlon sorgfältig gestaltete. Dejan Sarič steuerte die fotografischen Aufnahmen der fertigen Installation bei. Auf diese Weise gewinnen die Vorstellungen Gestalt, wie die Werke gesehen werden sollen.

Die Gelassenheit und Sicherheit der Künstlerin fanden im kenntnisreichen Engagement unserer Kuratorin Susanne Meyer-Büser ein glückliches Pendant. Ihre Initiative ließ das Projekt auf unkomplizierte Art Realität werden. Ihr wie auch dem weiteren Team der Kunstsammlung Nordrhein-Westfalen haben wir herzlich zu danken.

Die Publikation, für die Susanne Meyer-Büser dankenswerter Weise den erhellenden Einleitungstext verfasst hat, hätte ohne finanzielle Unterstützung von außen nicht entstehen können. Der Vorsitzende des Vorstandes der NATIONAL-BANK Dr. Thomas A. Lange hat der Kunstsammlung Nordrhein-Westfalen hierzu seine großzügige Hilfe angeboten. Für diese Förderung möchten wir ihm und allen Kolleginnen und Kollegen der NATIONAL-BANK unseren ganz besonderen Dank aussprechen.

In the Bel Etage of the K21, exhibitions dedicated to clearly defined bodies of work are installed sporadically. Now, following Roman Ondák, Susan Philipsz, Imi Knoebel, Thomas Schütte, Katharina Sieverding, and Wolfgang Tillmans, to our great joy, sculptor Leunora Salihu accepted our invitation to install her new works on site. The three northern-facing rooms of the Ständehaus have a unique indirect light that is especially well suited for sculpture. Salihu's works can enter here into a direct, serene dialogue with the natural environment of the park outside the building. The objective quality of the sculptures, which were fabricated with great precision, stands in fascinating contrast to the lush vegetation. The title of the exhibition, "Gravity on a Journey," underscores the tension, in that travelers overcome trouble and the weight of gravity when the lightness of new experiences supports them.

The exhibition brings together works whose titles—*Boot* (Boat), *Propeller, Treppe* (Stairs), *Urknall* (Big Bang), *and Chip*—evoke notions of utilitarian things, everyday life, technical devices, or scientific themes. Yet a closer look reveals that the objects obey the dictates of form alone, and that this form stands for itself: once more a reminder that art does not have to fulfill a task. And Salihu is not interested in documentation or an exploration of personal or socio-political events.

Foreword

Gravity on a Journey

Anette Kruszynski

It's also not a matter of quick gestures, expression, or an intuitive wager. The artist develops her works from drawing, and it's only when the composition in this medium has proved suitable that she transfers it into a spatial form. The fact that it's primarily about defining the form in the third dimension finds its correspondence in the long process the artist undergoes in finding her materials and working with them.

We'd like to thank Leunora Salihu for spontaneously accepting our invitation to the Bel Etage. The quiet and explicit way in which she realizes her concepts has made our collaboration a great pleasure. The artist was also responsible for the catalogue, which Adeline Morlon carefully designed; Dejan Sarič provided the photographs of the finished installations. Thus, ideas about how the works should be seen acquire form.

The artist's composure and confidence found their perfect counterpart in the skilled commitment of our curator, Susanne Meyer-Büser. Her initiative allowed the project to become a reality in an uncomplicated manner. We extend our heartfelt thanks to her and the rest of the team of the Kunstsammlung Nordrhein-Westfalen.

The catalogue, for which Susanne Meyer-Büser generously wrote an illuminating introductory text, would not have been possible without financial support. Dr. Thomas A. Lange, Chairman of the Board of the NATIONAL-BANK, offered the Kunstsammlung Nordrhein-Westfalen his generous assistance. We would like to express our very special thanks to him and his colleagues at the NATIONAL-BANK for their sponsorship.

RAUM

1

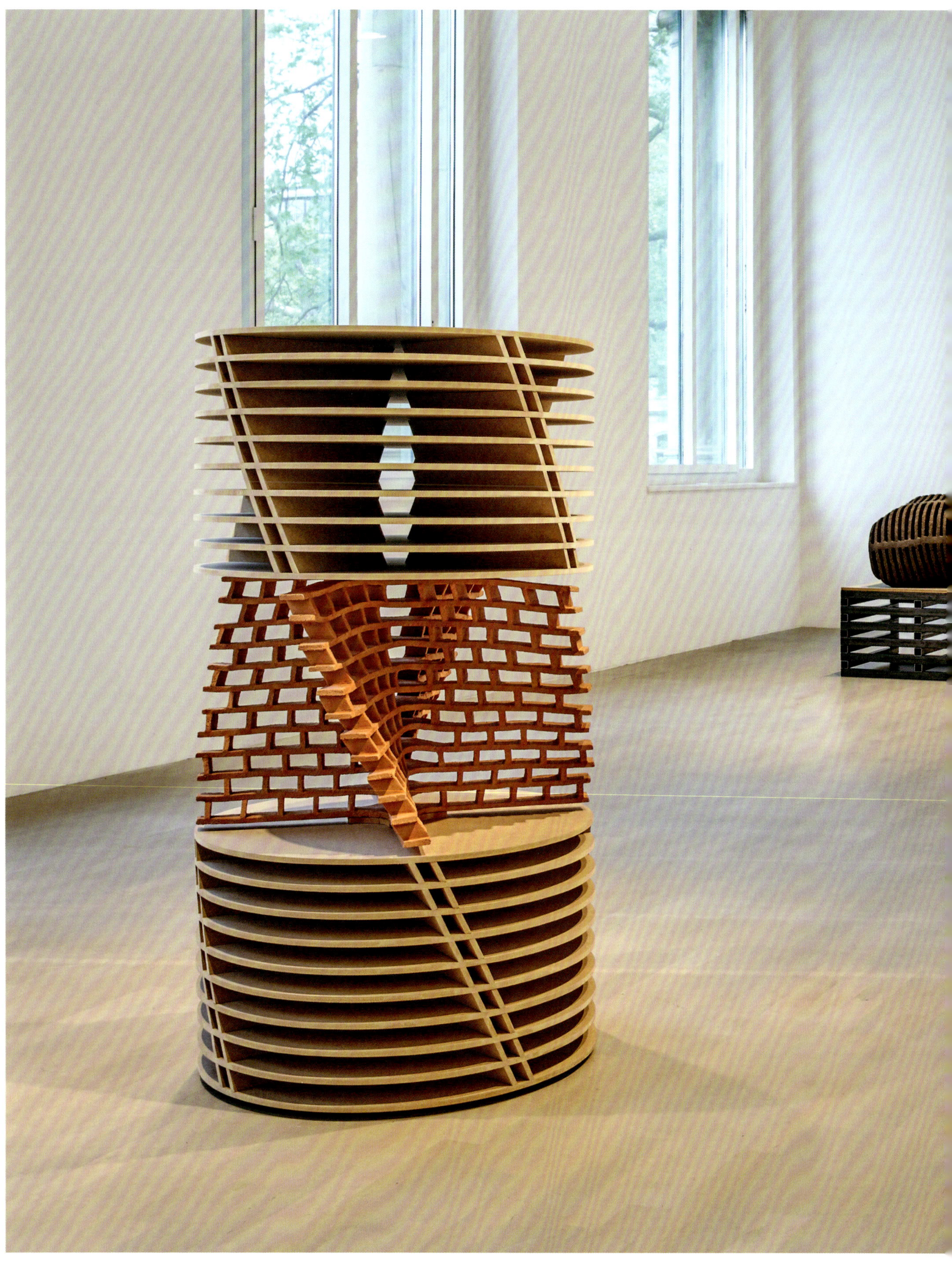

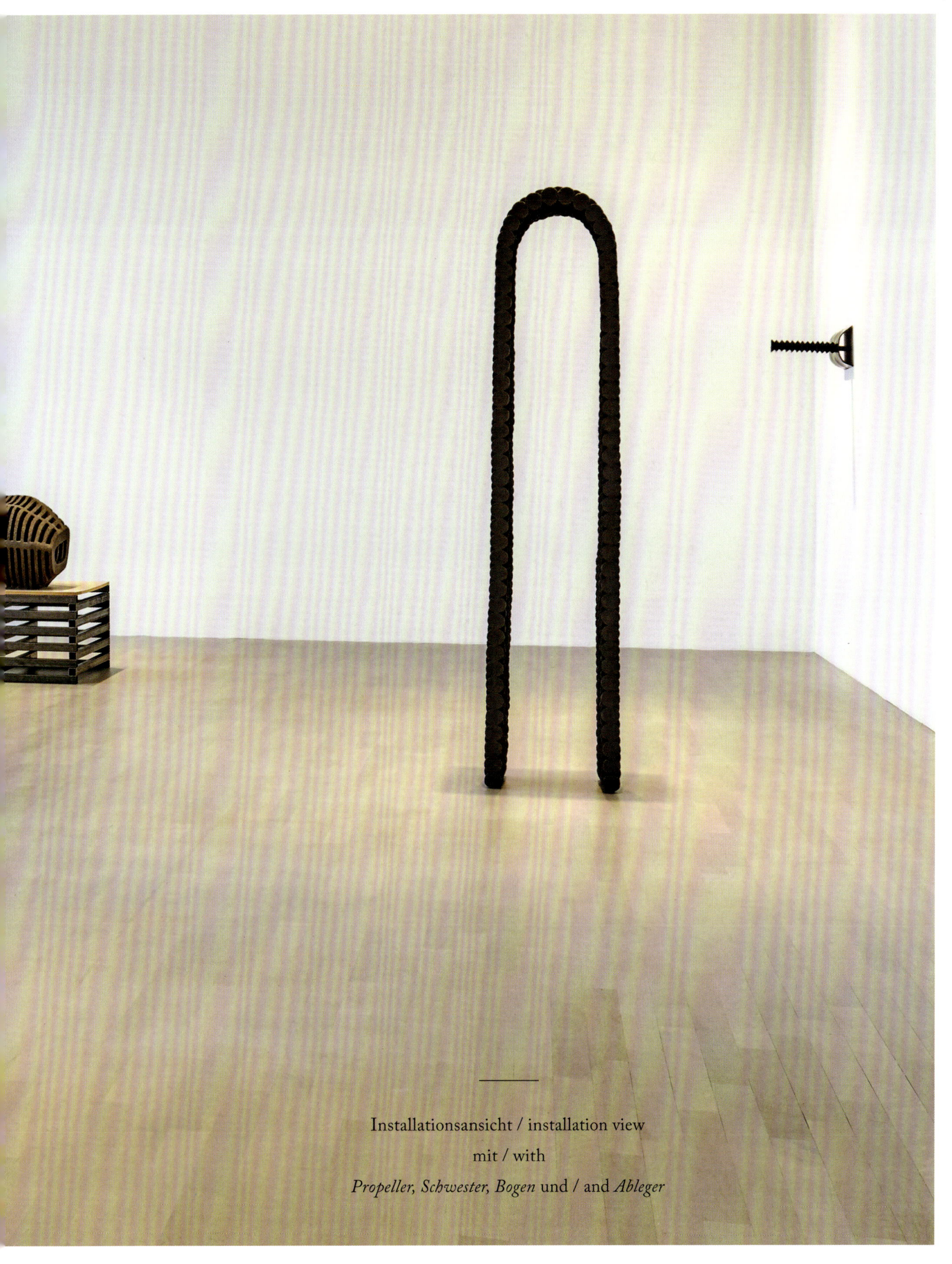

Installationsansicht / installation view
mit / with
Propeller, Schwester, Bogen und / and *Ableger*

Propeller

2016
Keramik, MDF / ceramic, MDF
136 × 75 × 75 cm

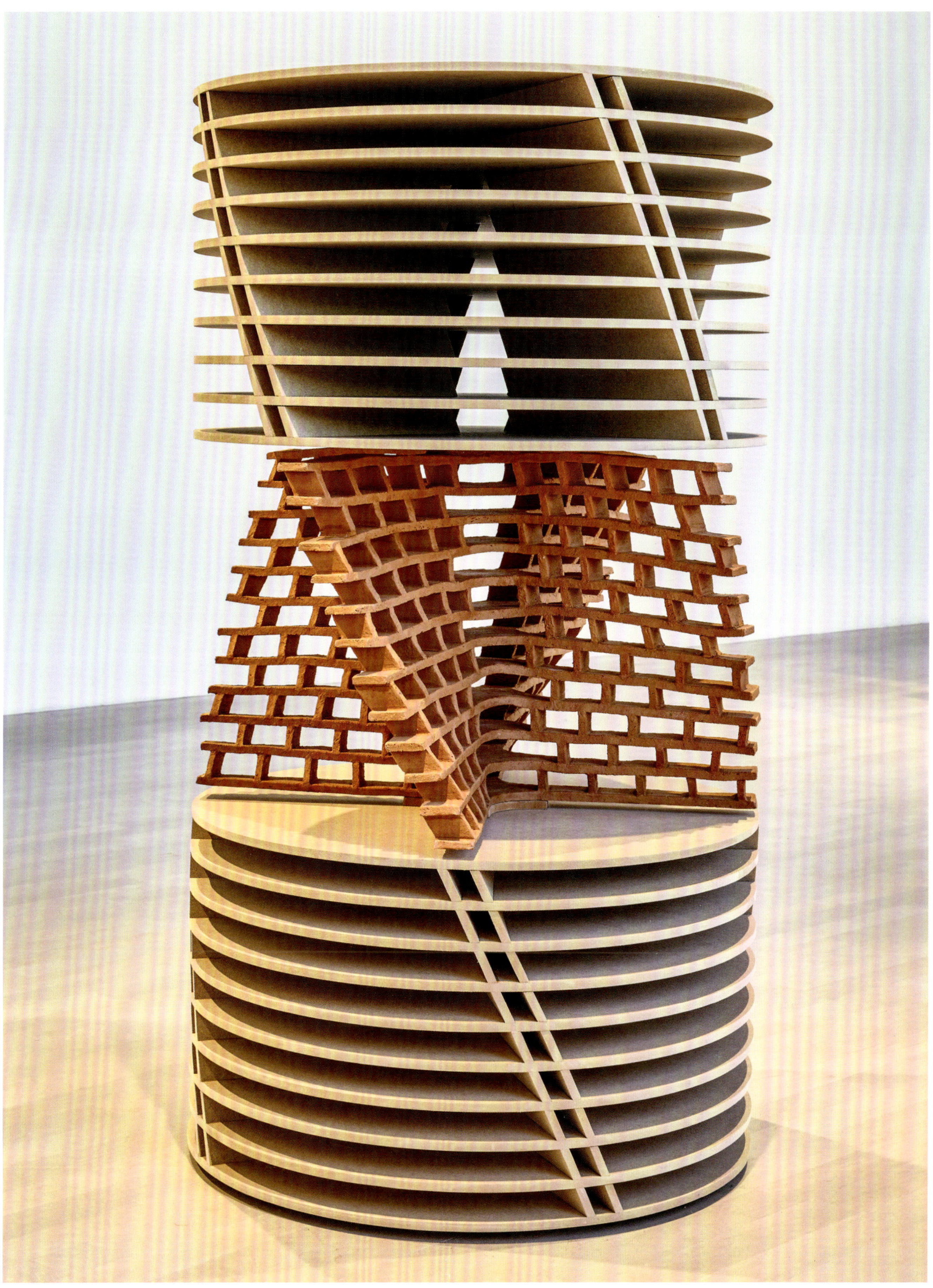

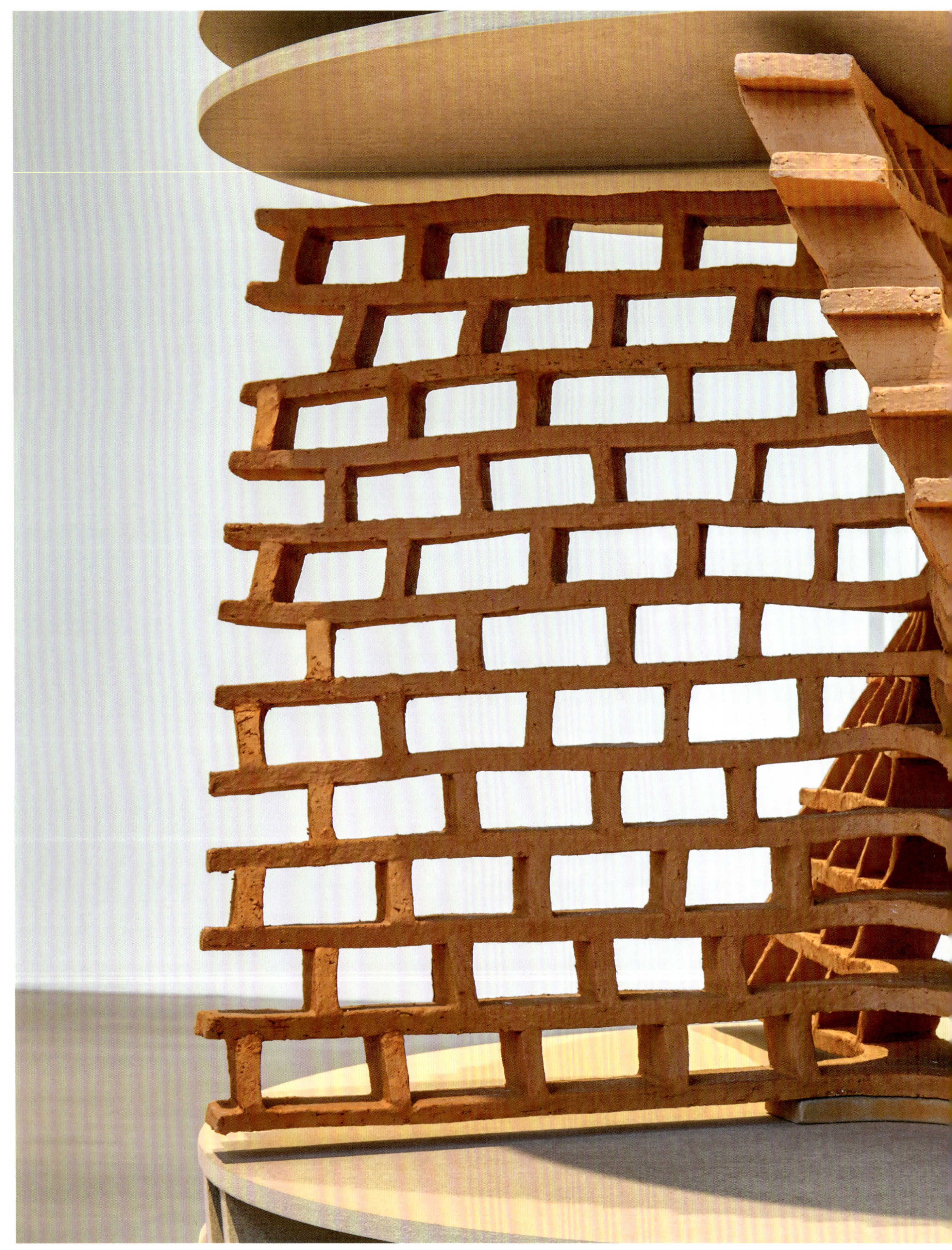

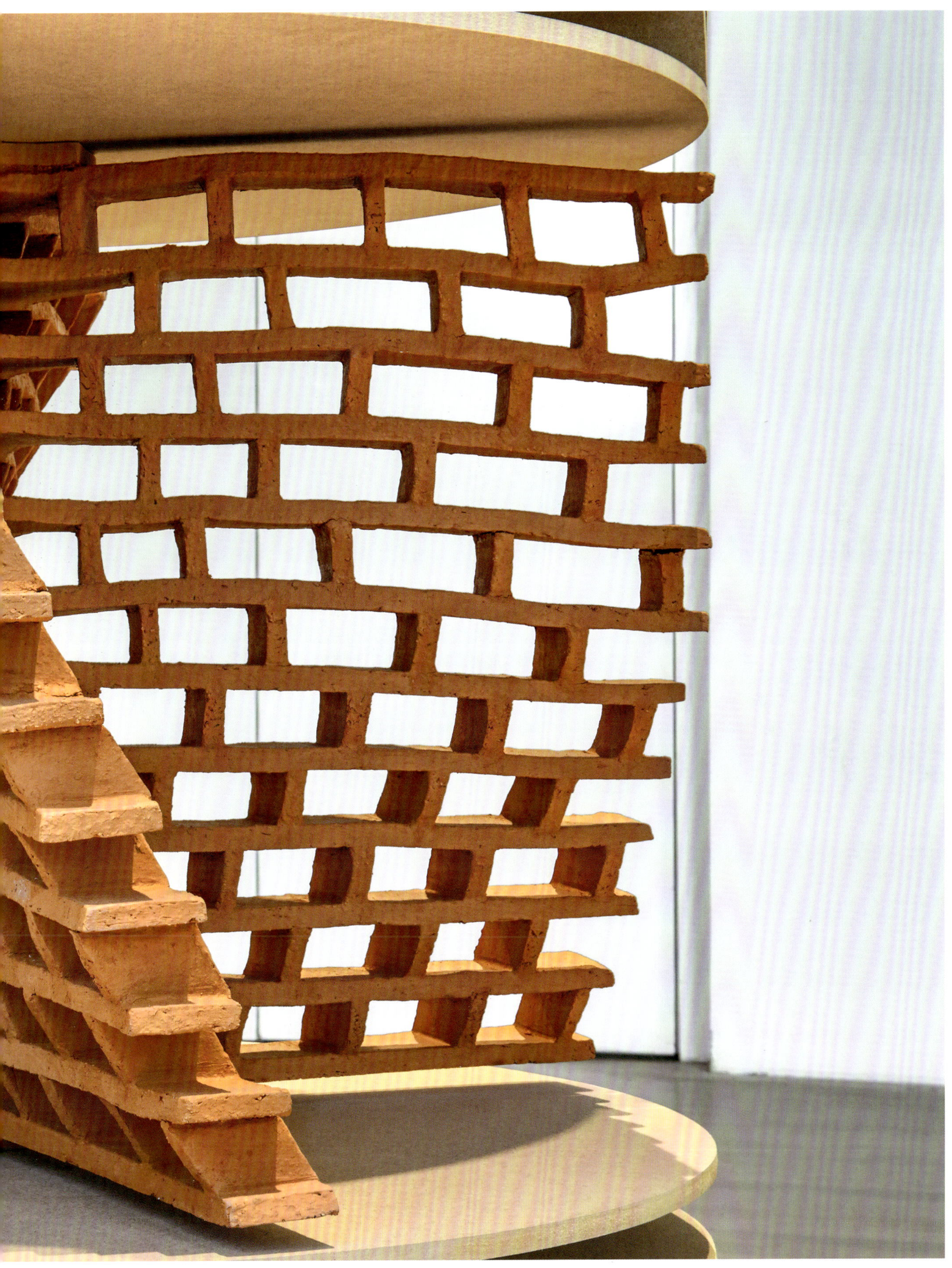

Bogen

2016
Keramik / ceramic
204 × 45 × 30 cm

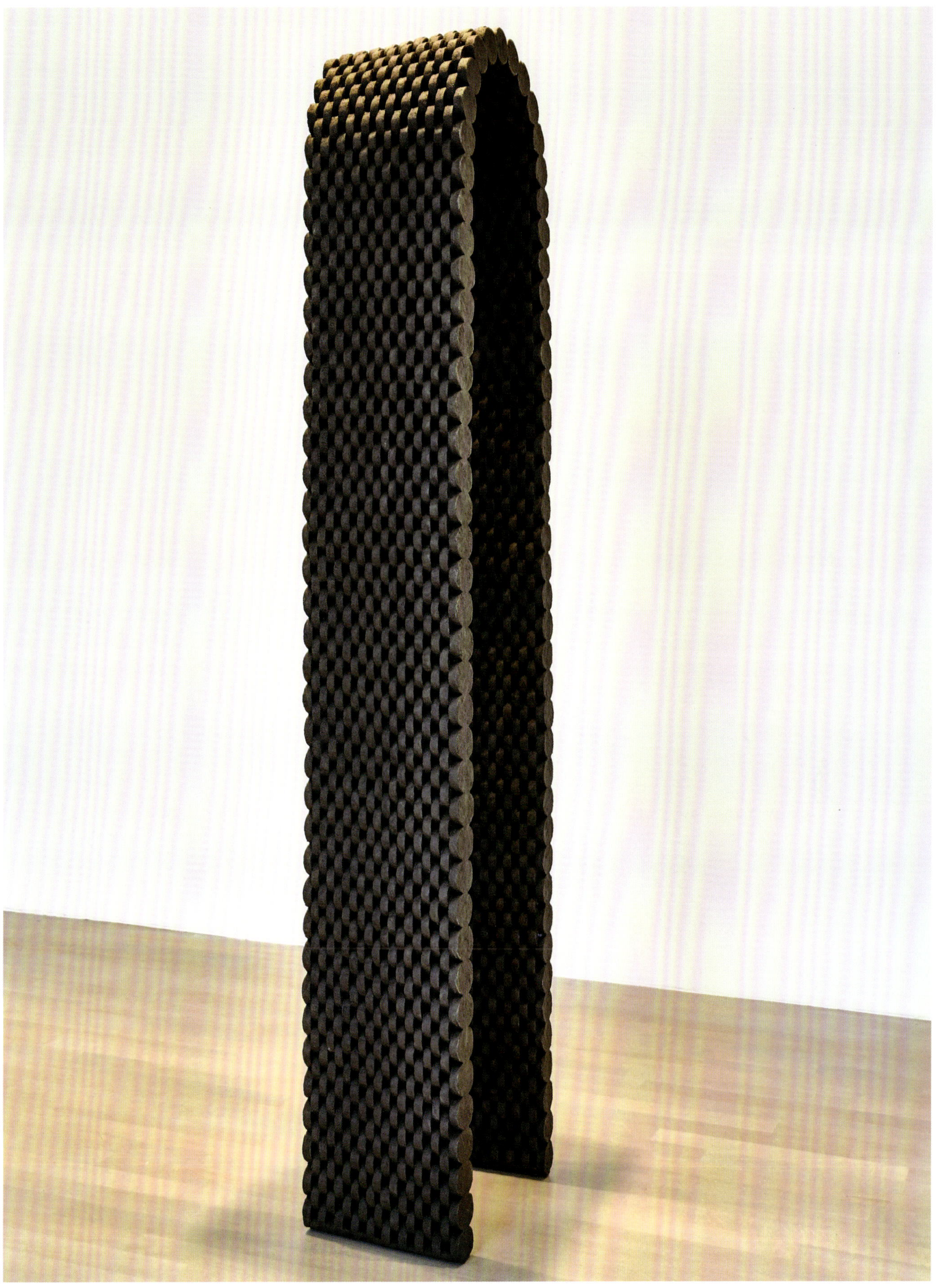

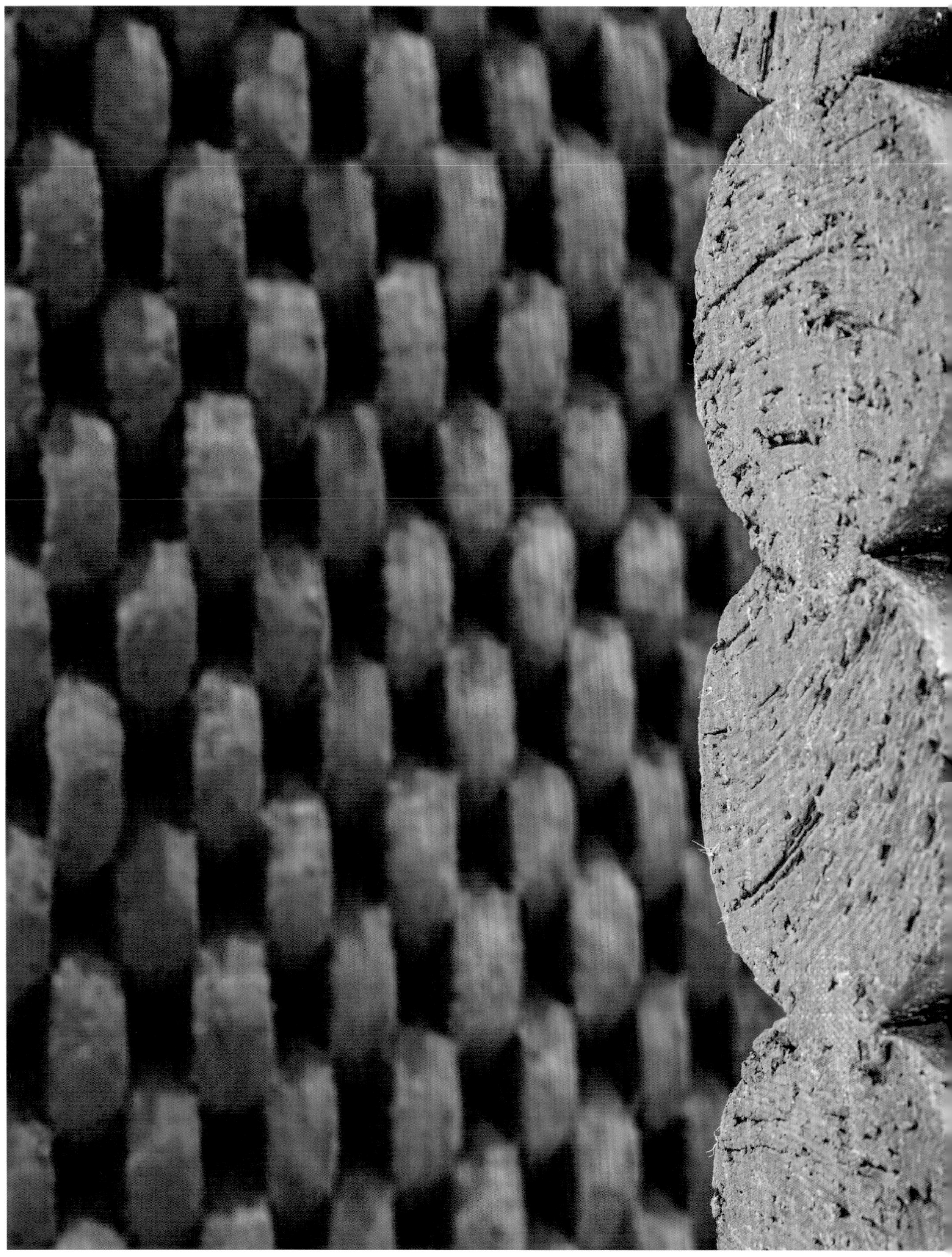

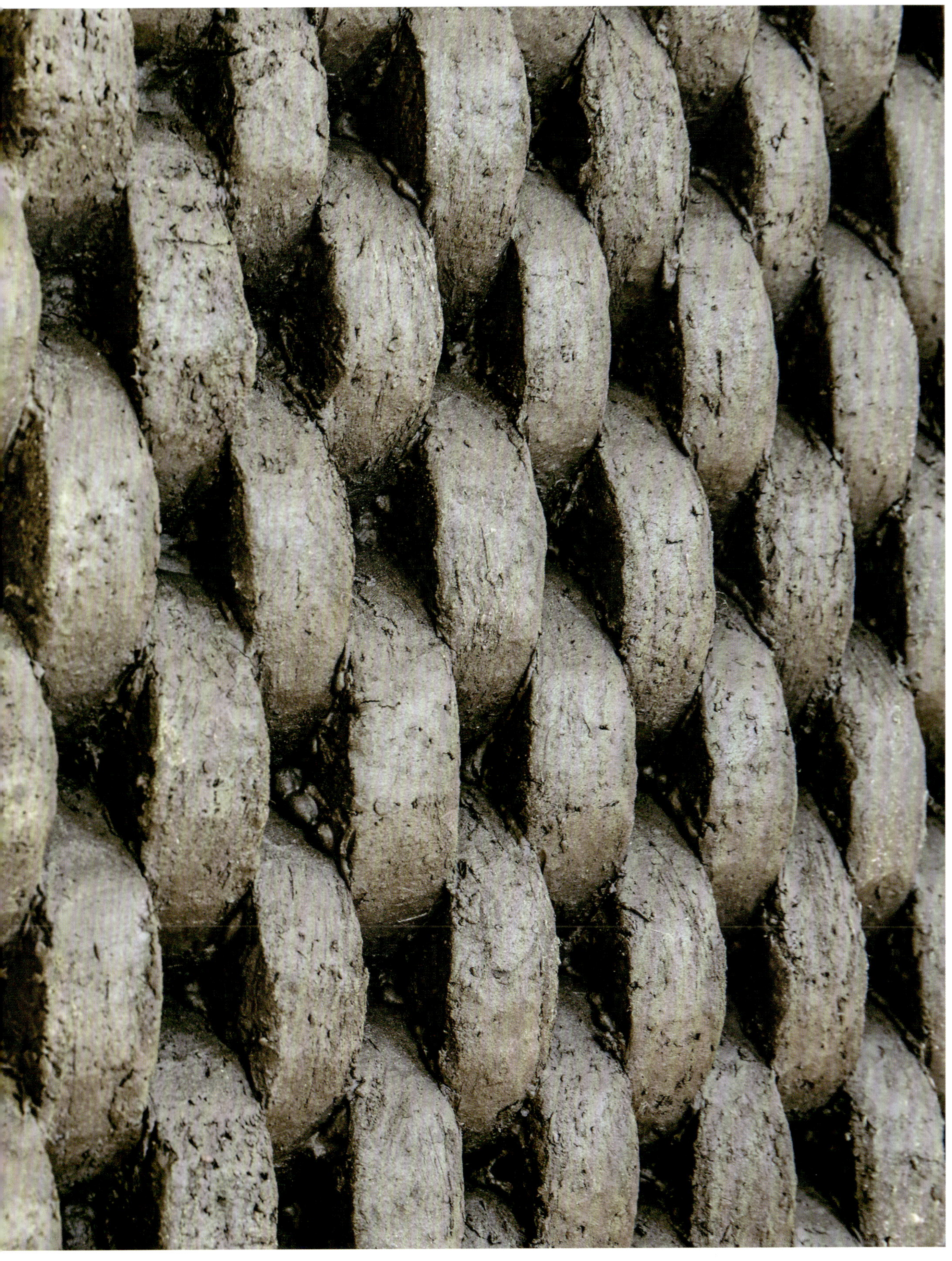

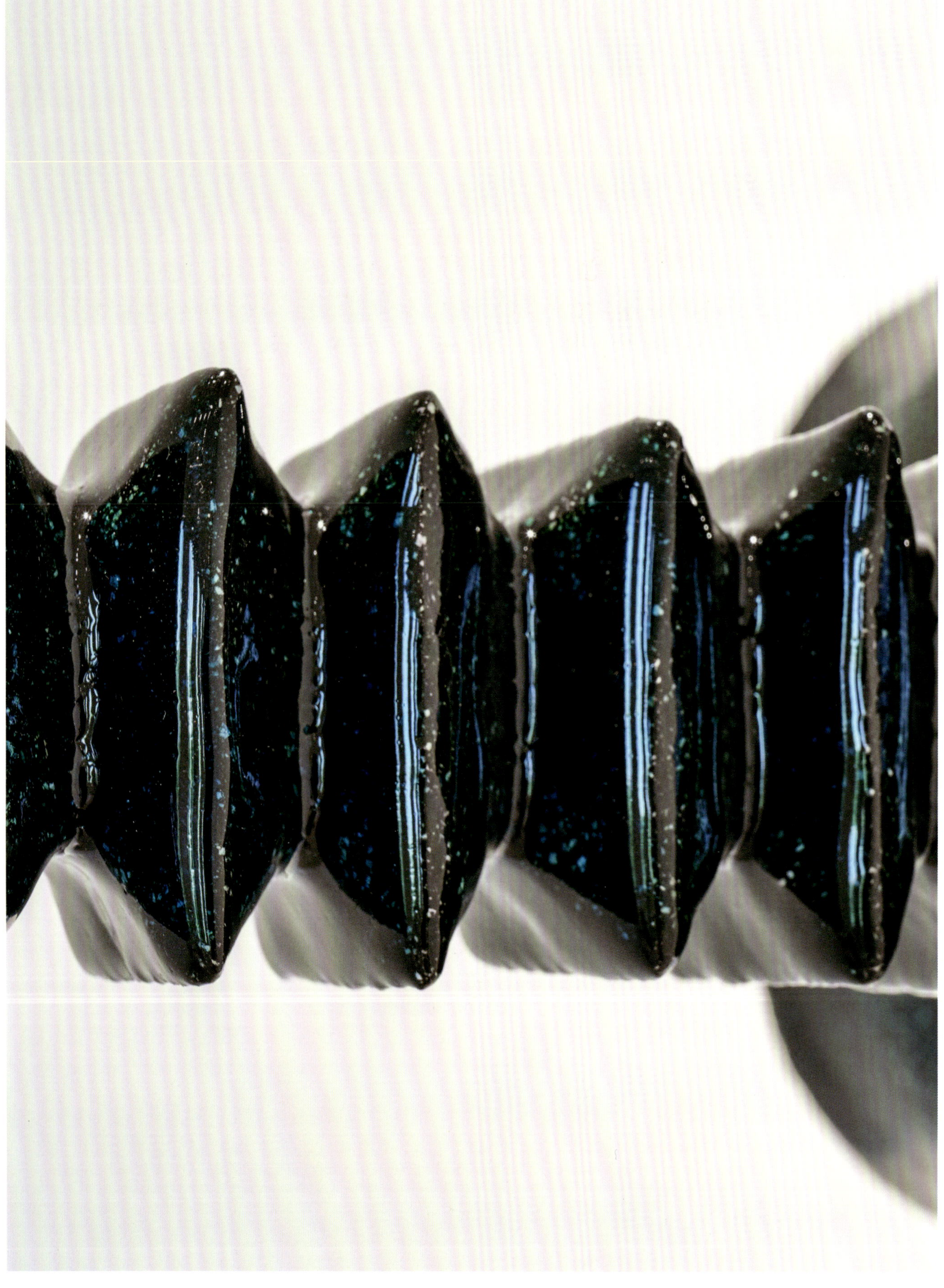

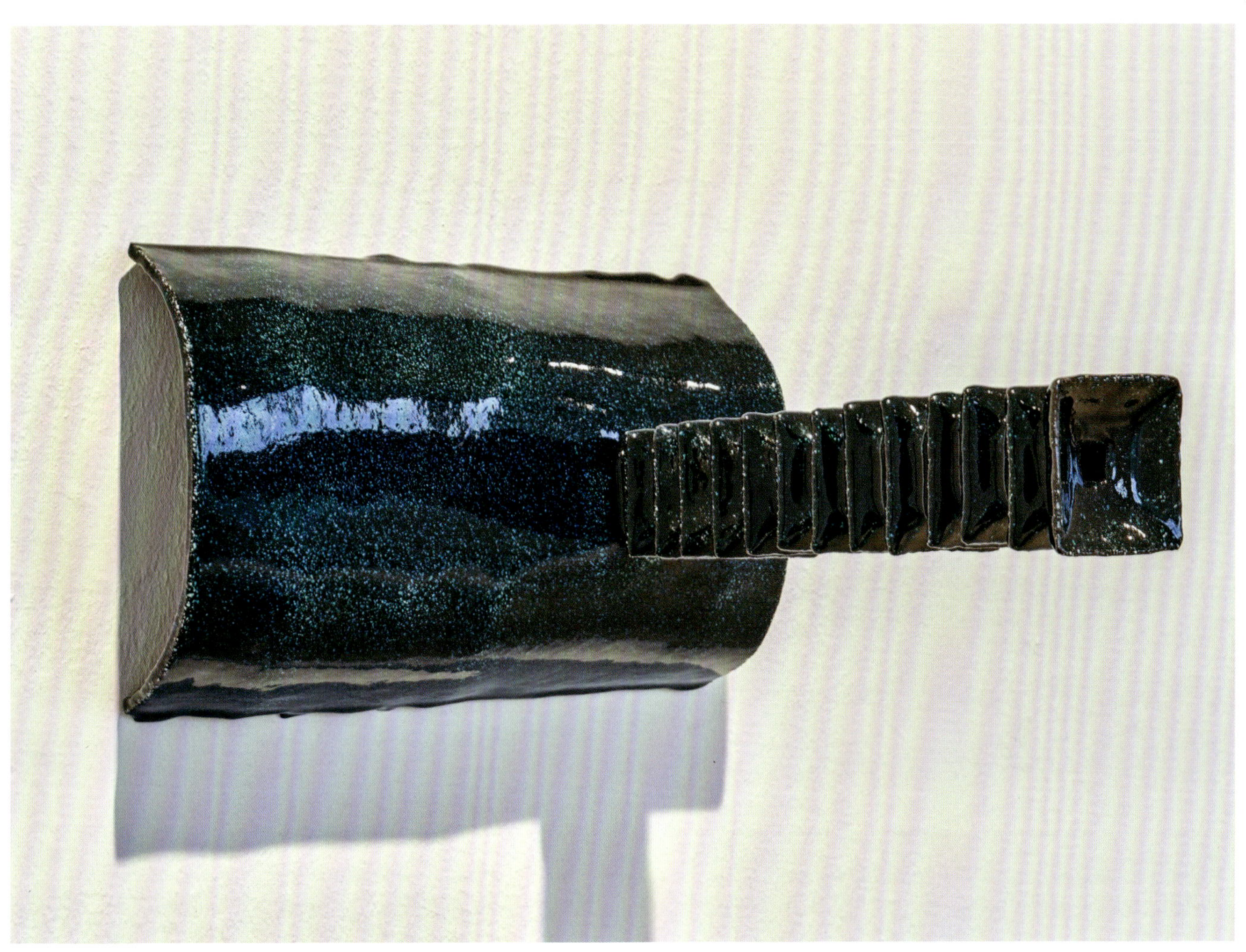

Ableger

2016
Keramik, Glasur / ceramic, glaze
21 × 33 × 39 cm

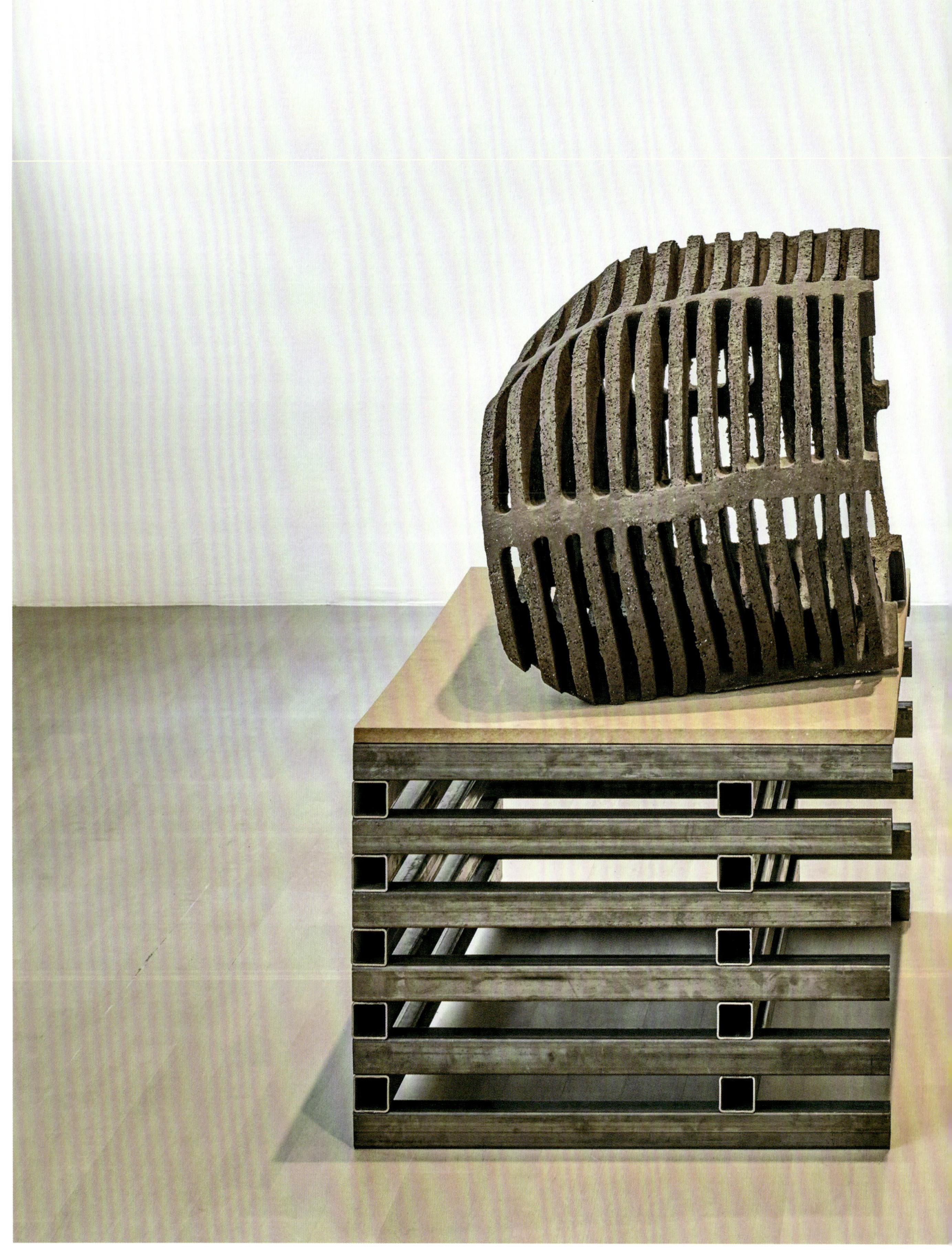

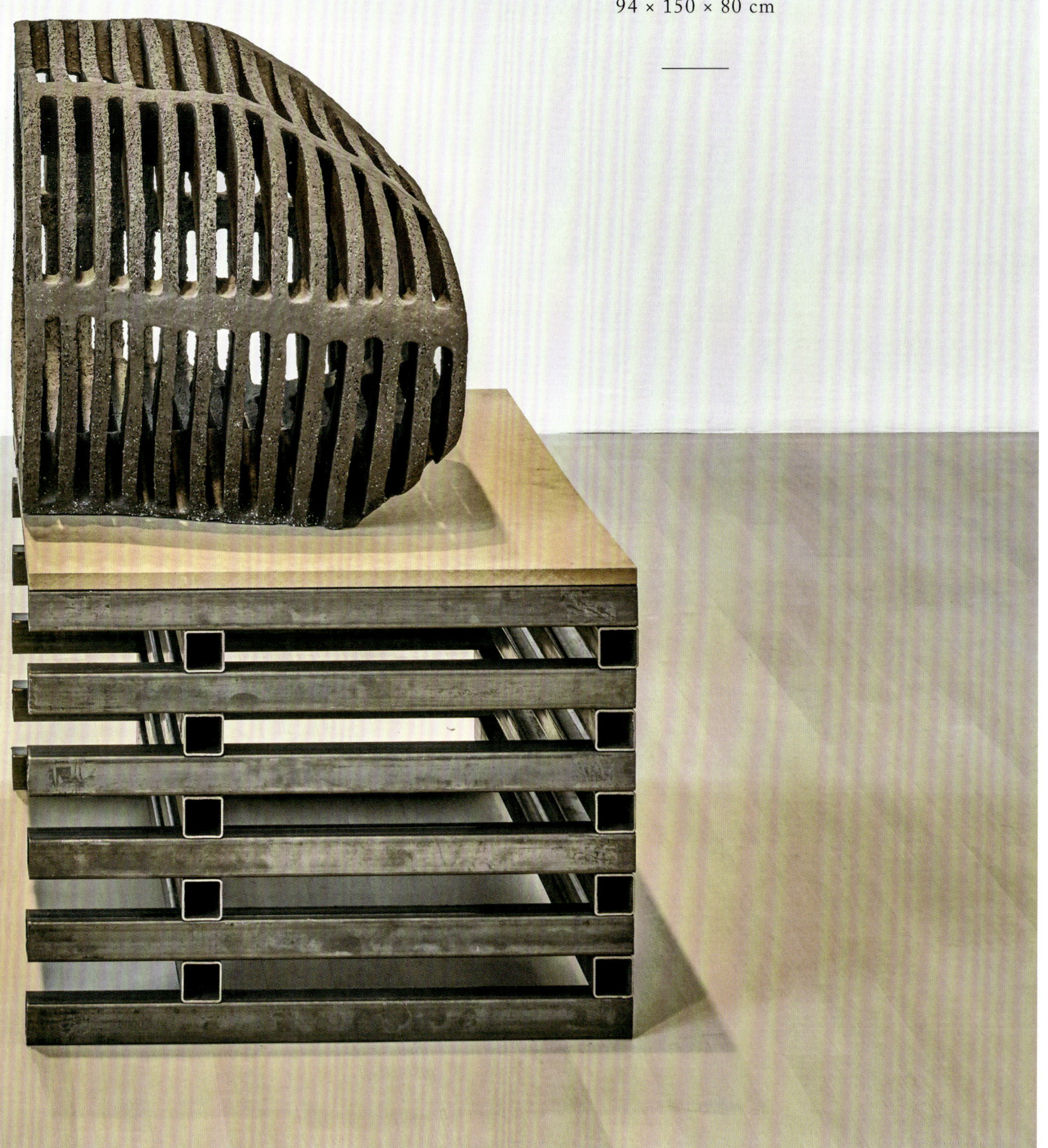

Schwester

2012/13
Keramik, Eisen, MDF / ceramic, iron, MDF
94 × 150 × 80 cm

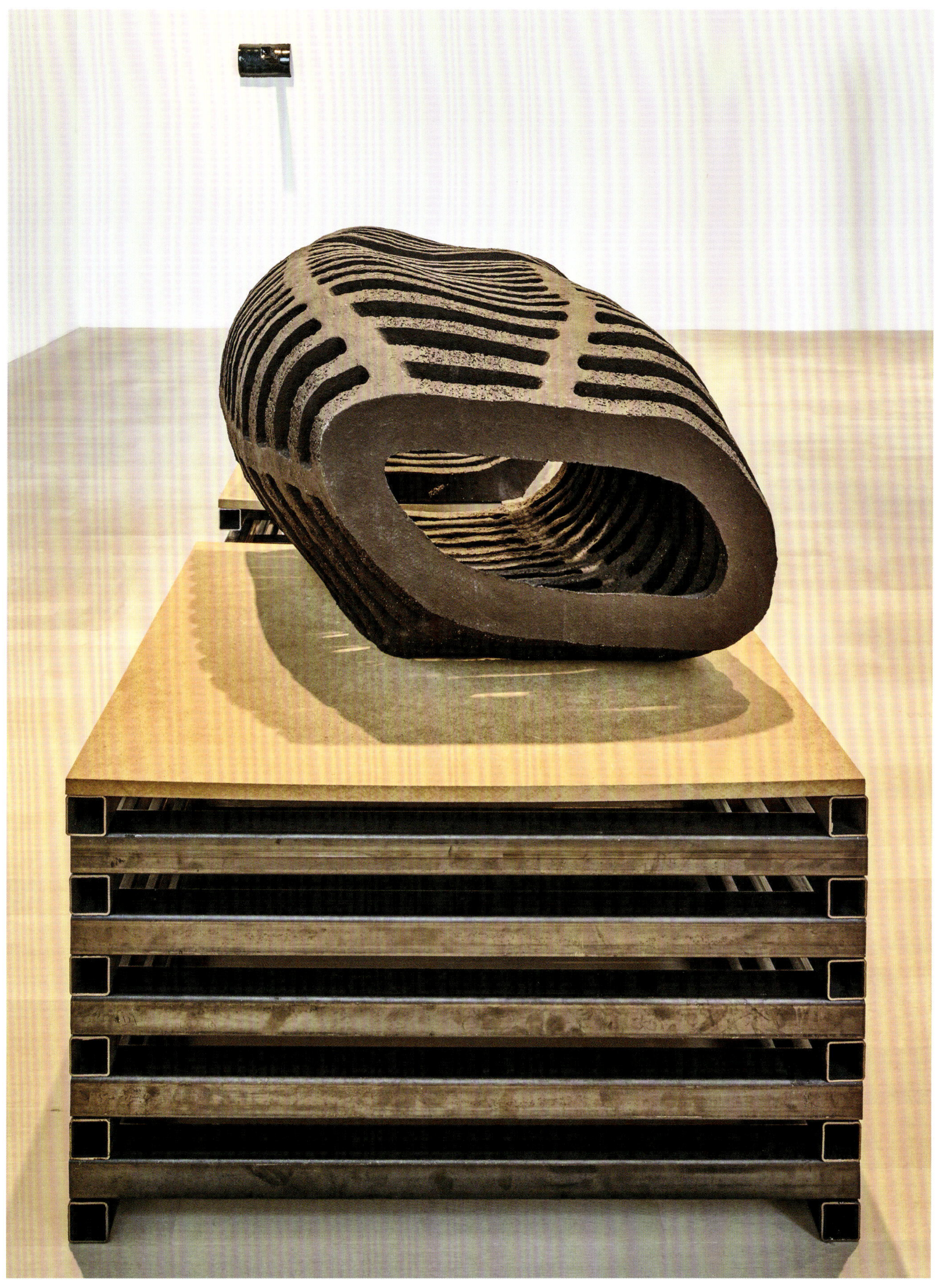

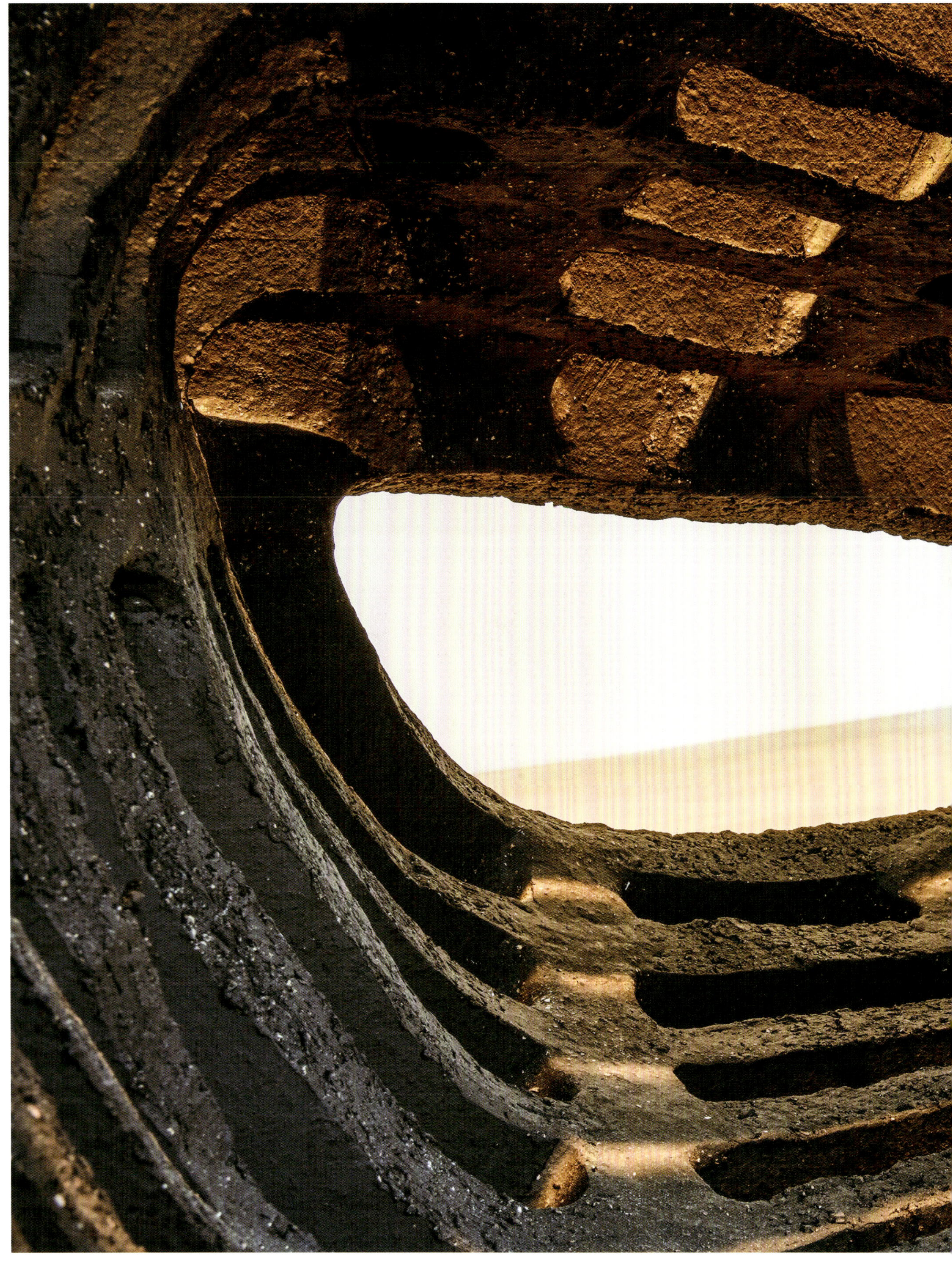

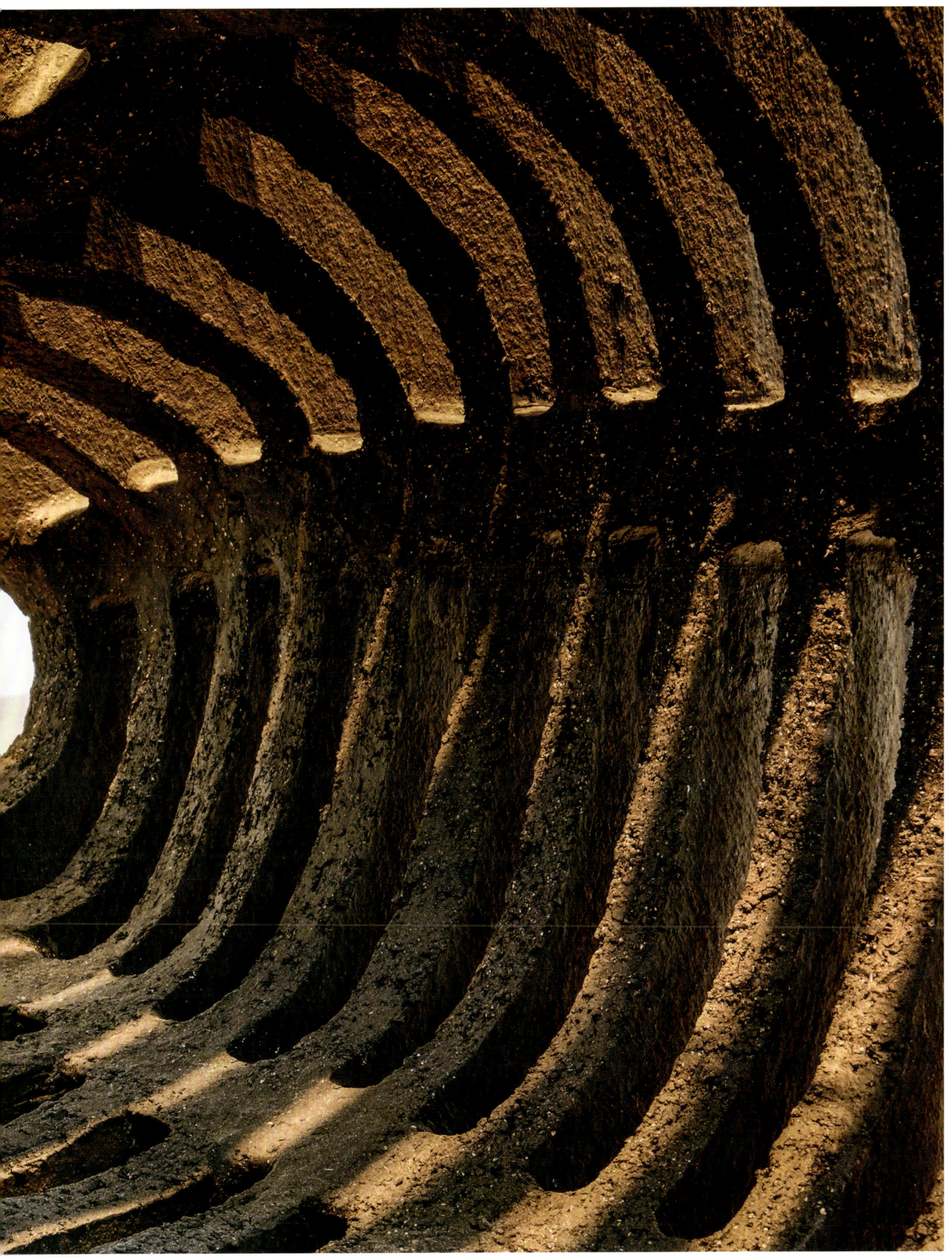

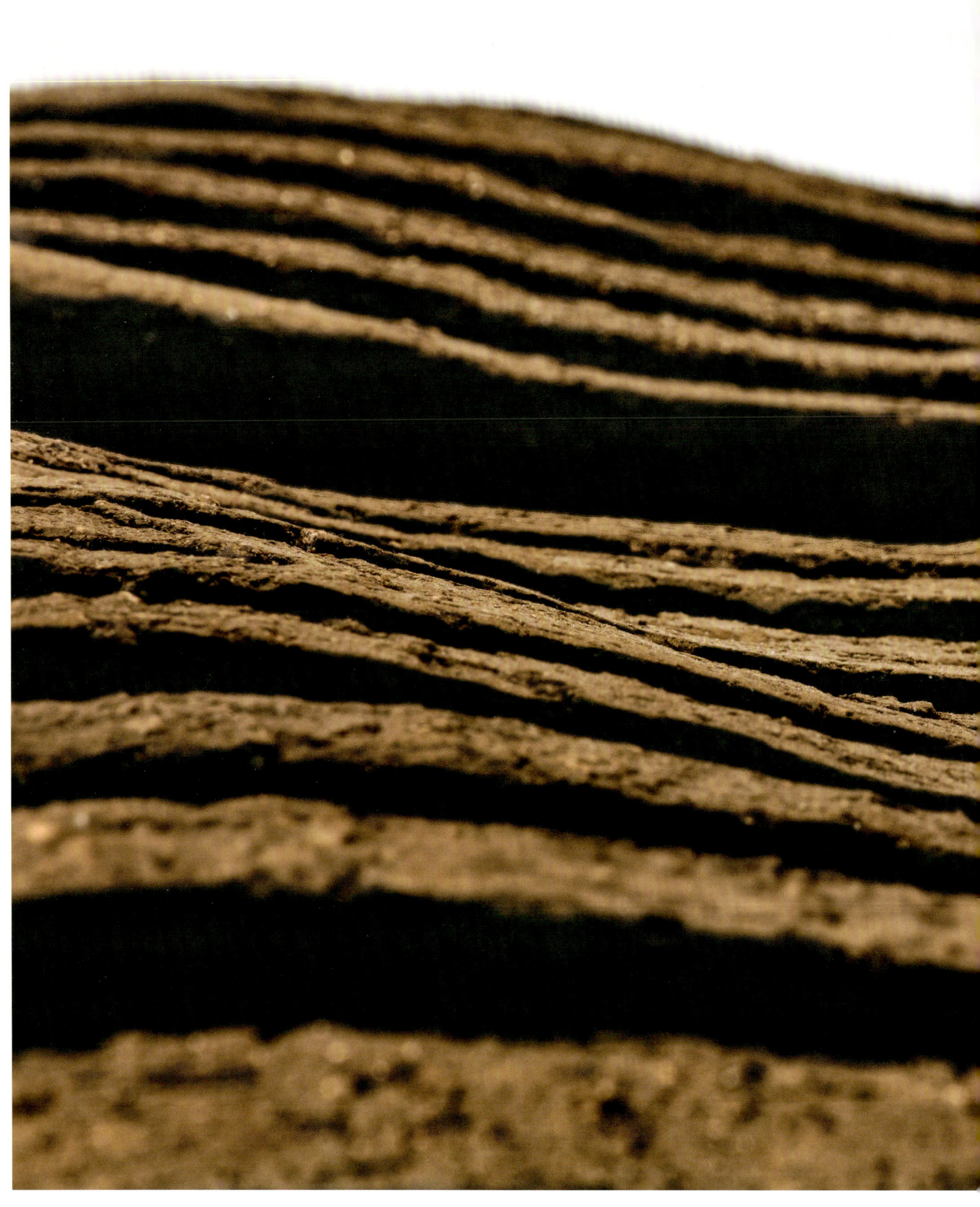

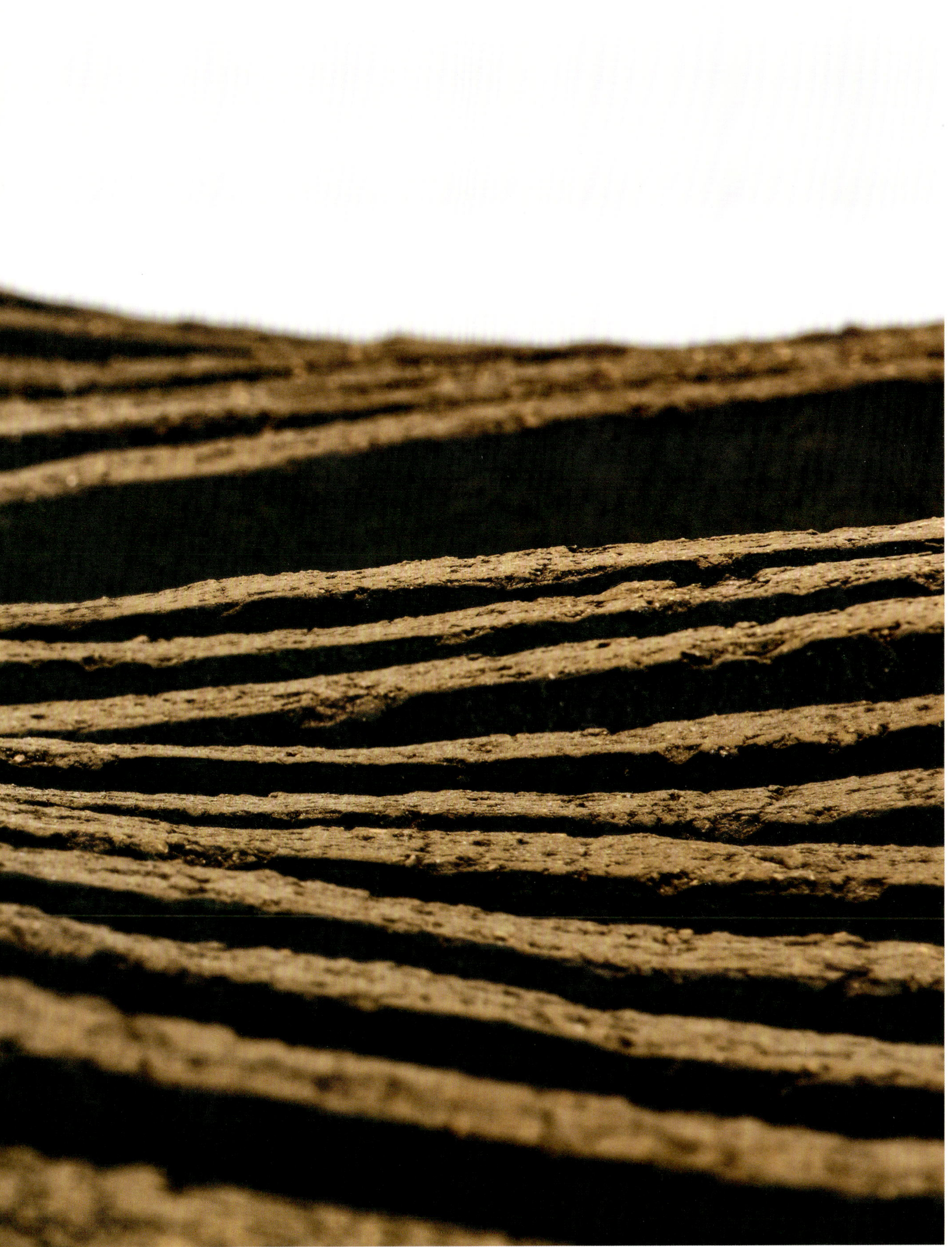

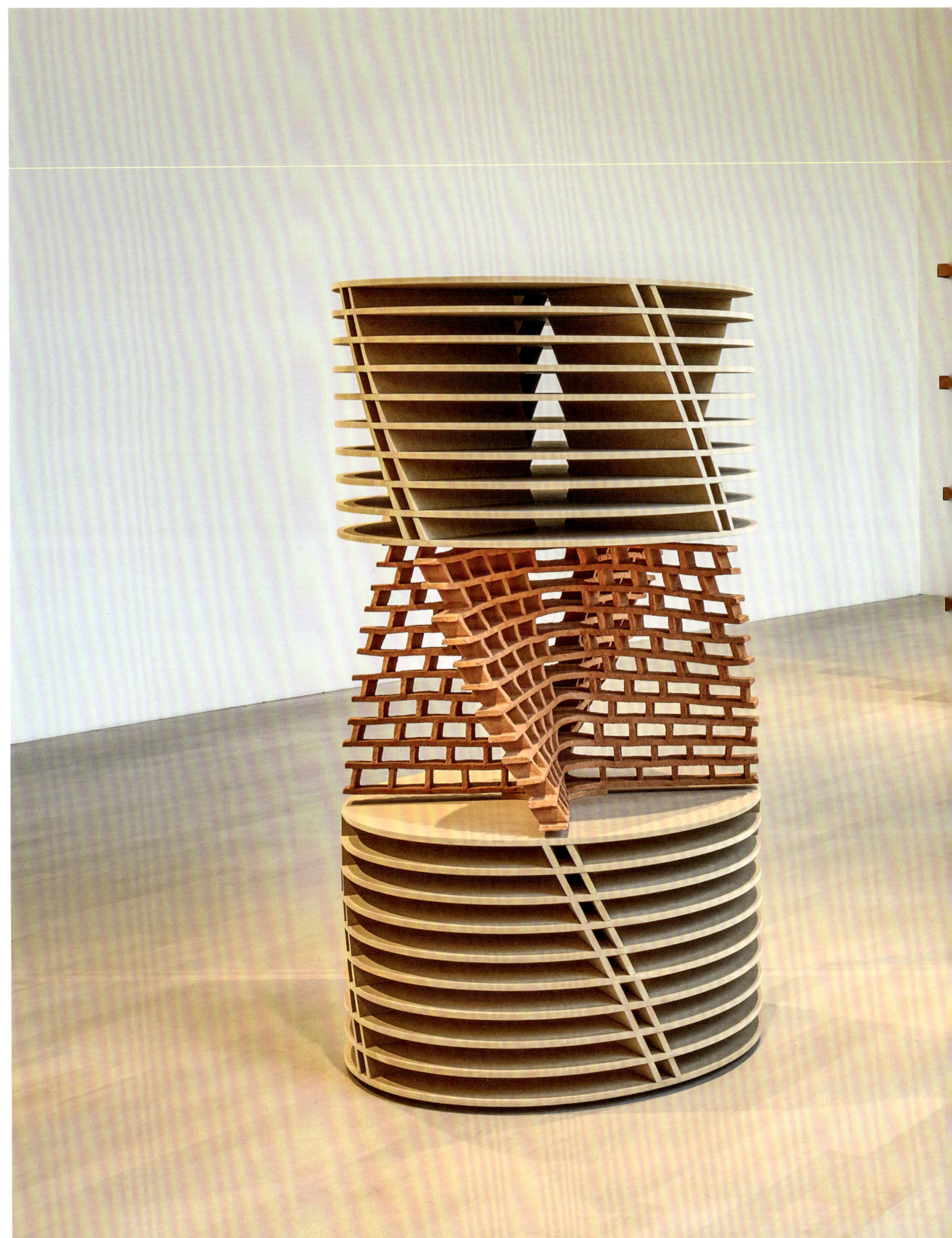

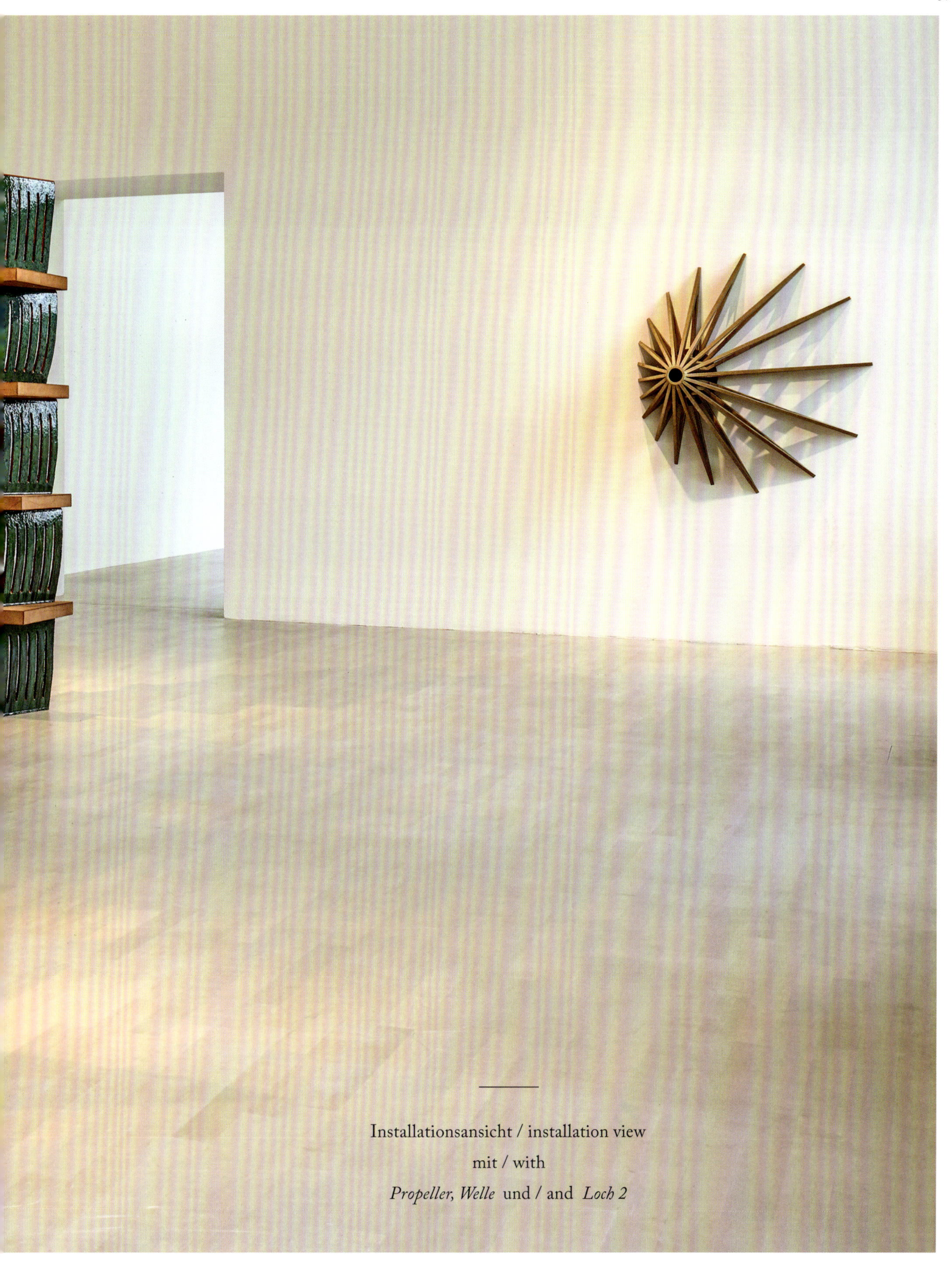

Installationsansicht / installation view
mit / with
Propeller, Welle und / and *Loch 2*

Welle

2017
Kearamik, Glasur, MDF / ceramic, glaze, MDF
205 × 45 × 45 cm

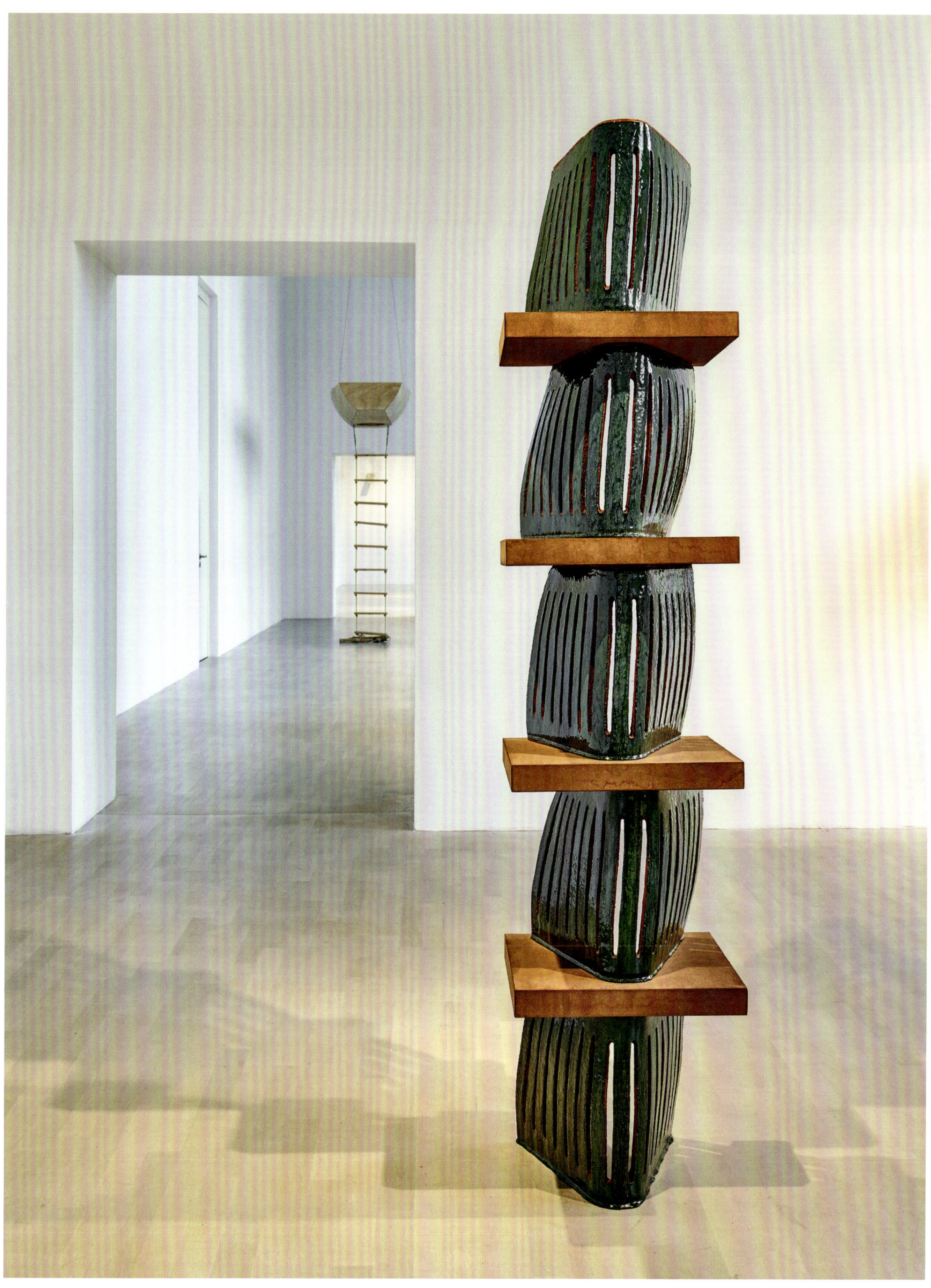

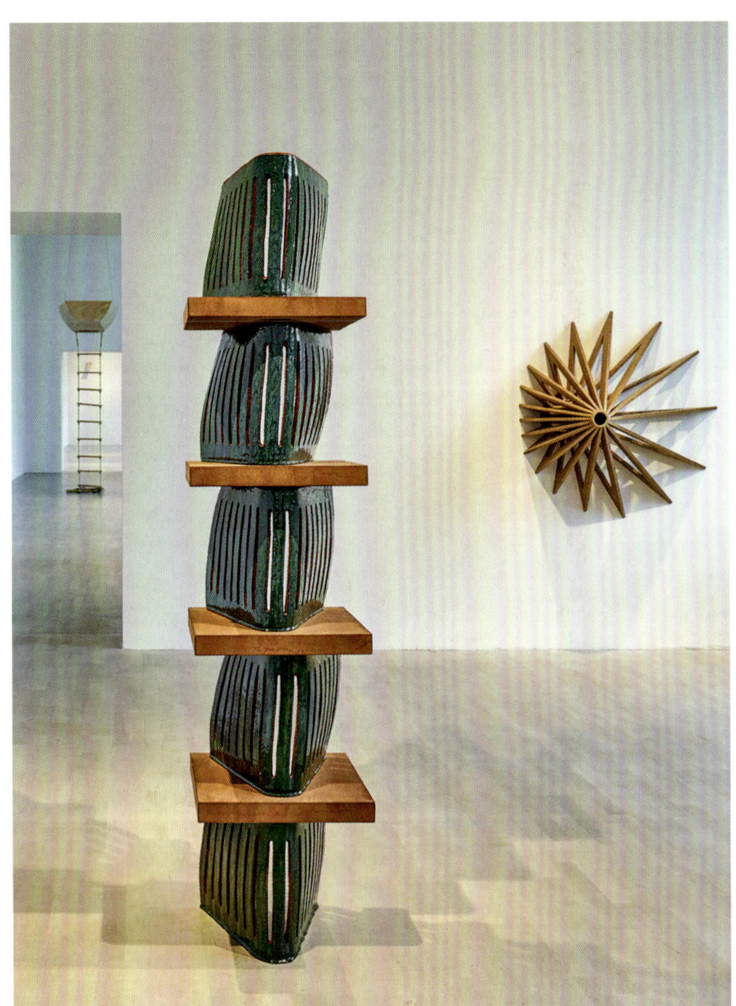

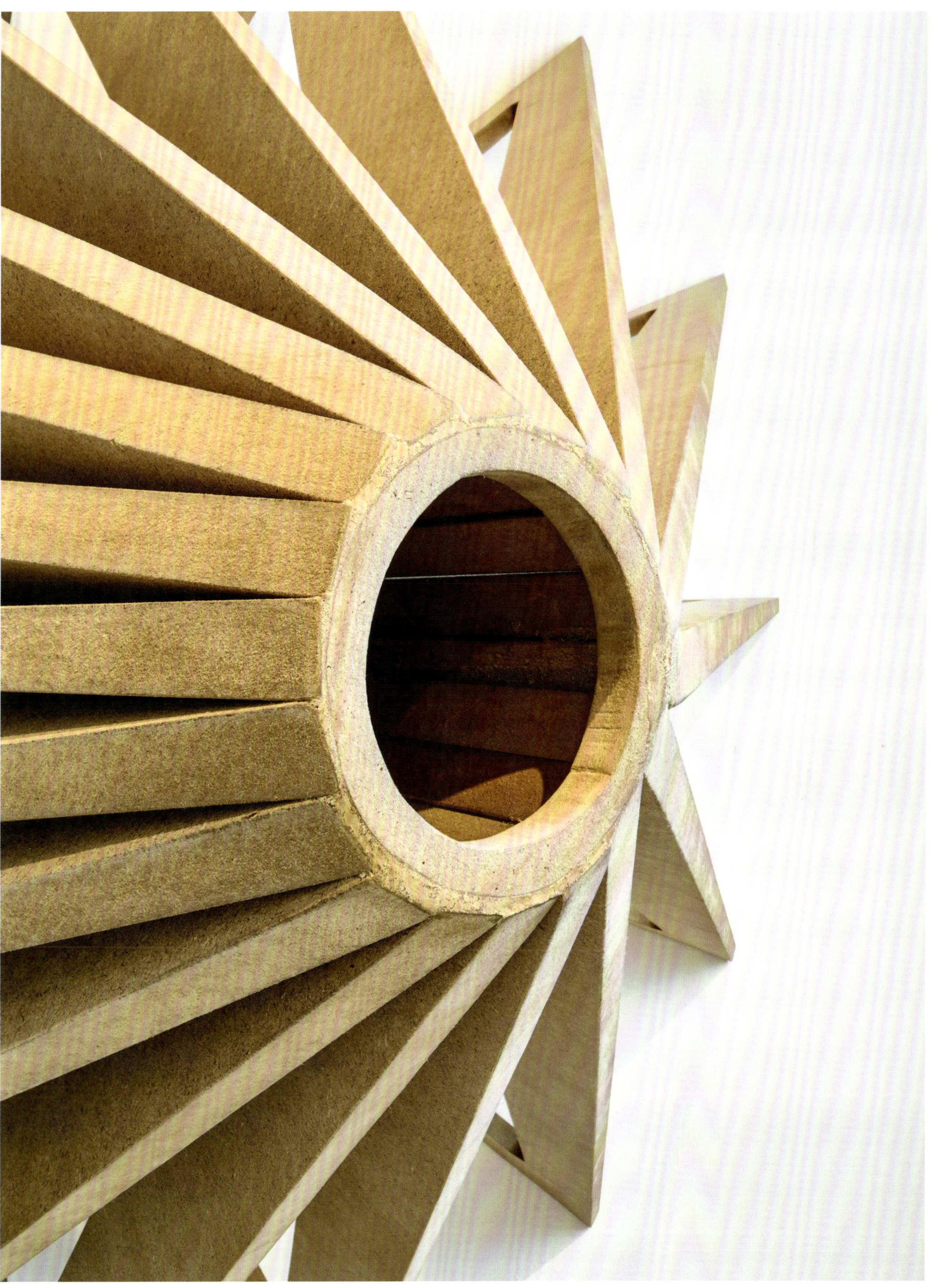

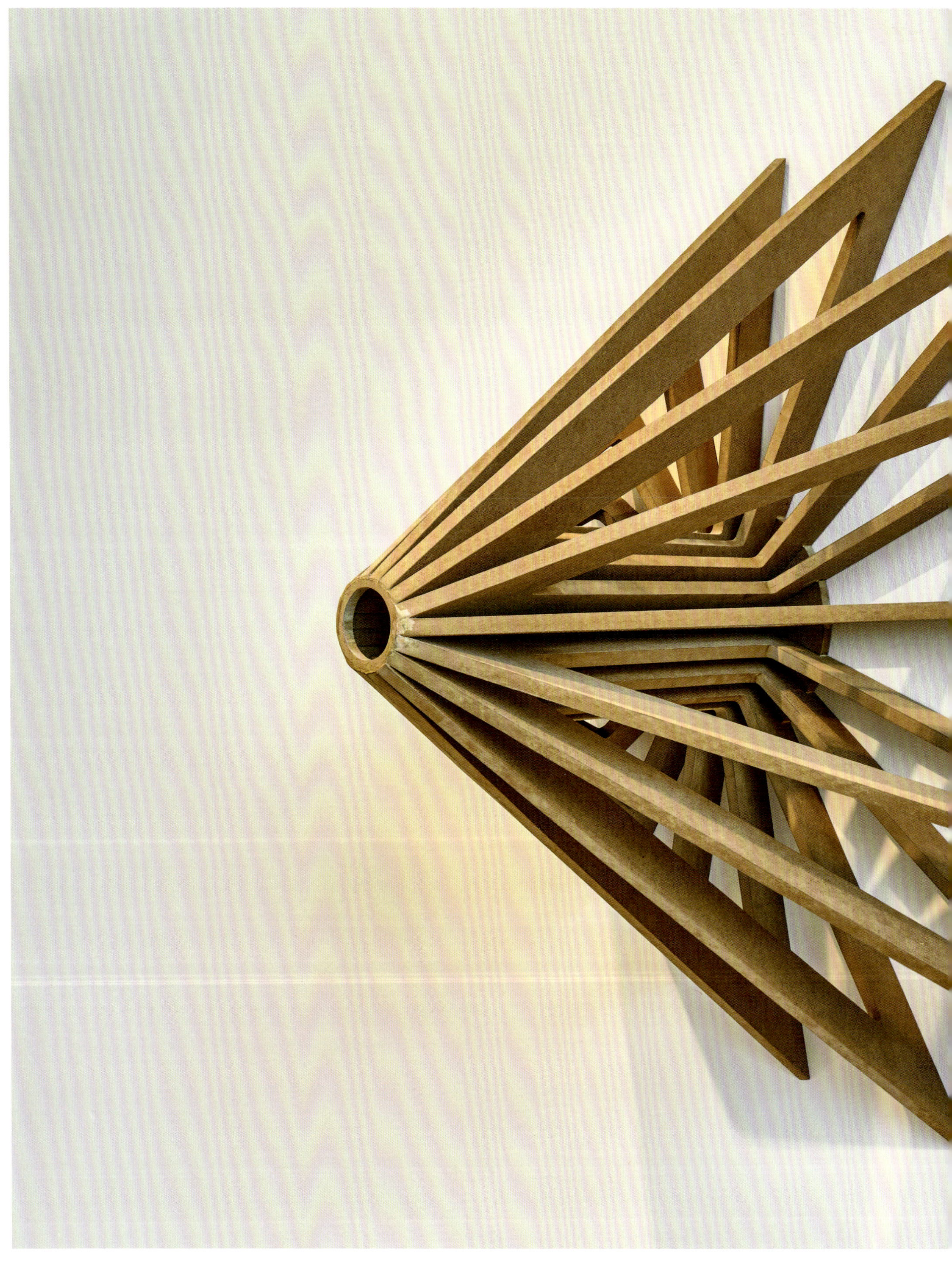

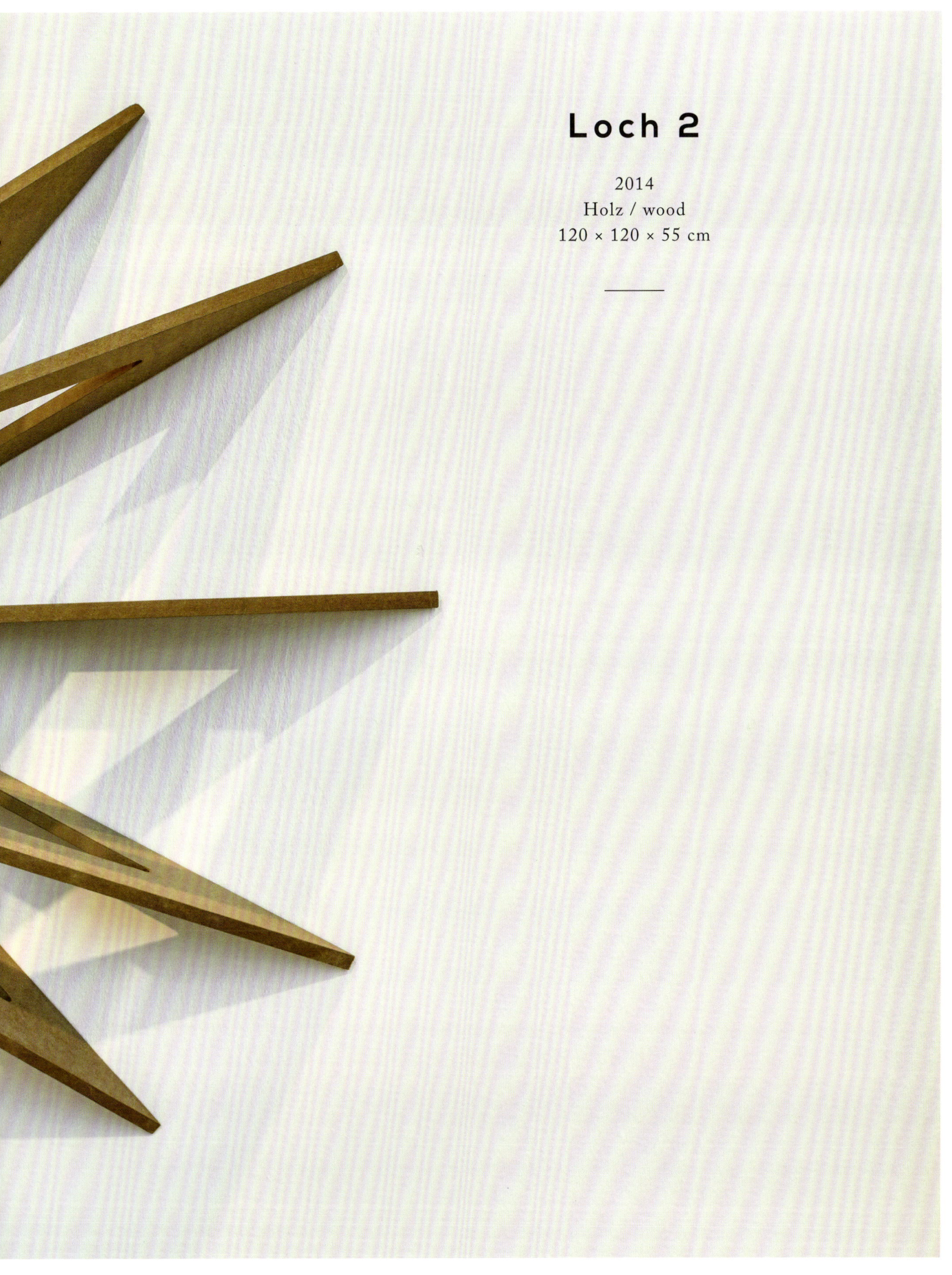

Loch 2

2014
Holz / wood
120 × 120 × 55 cm

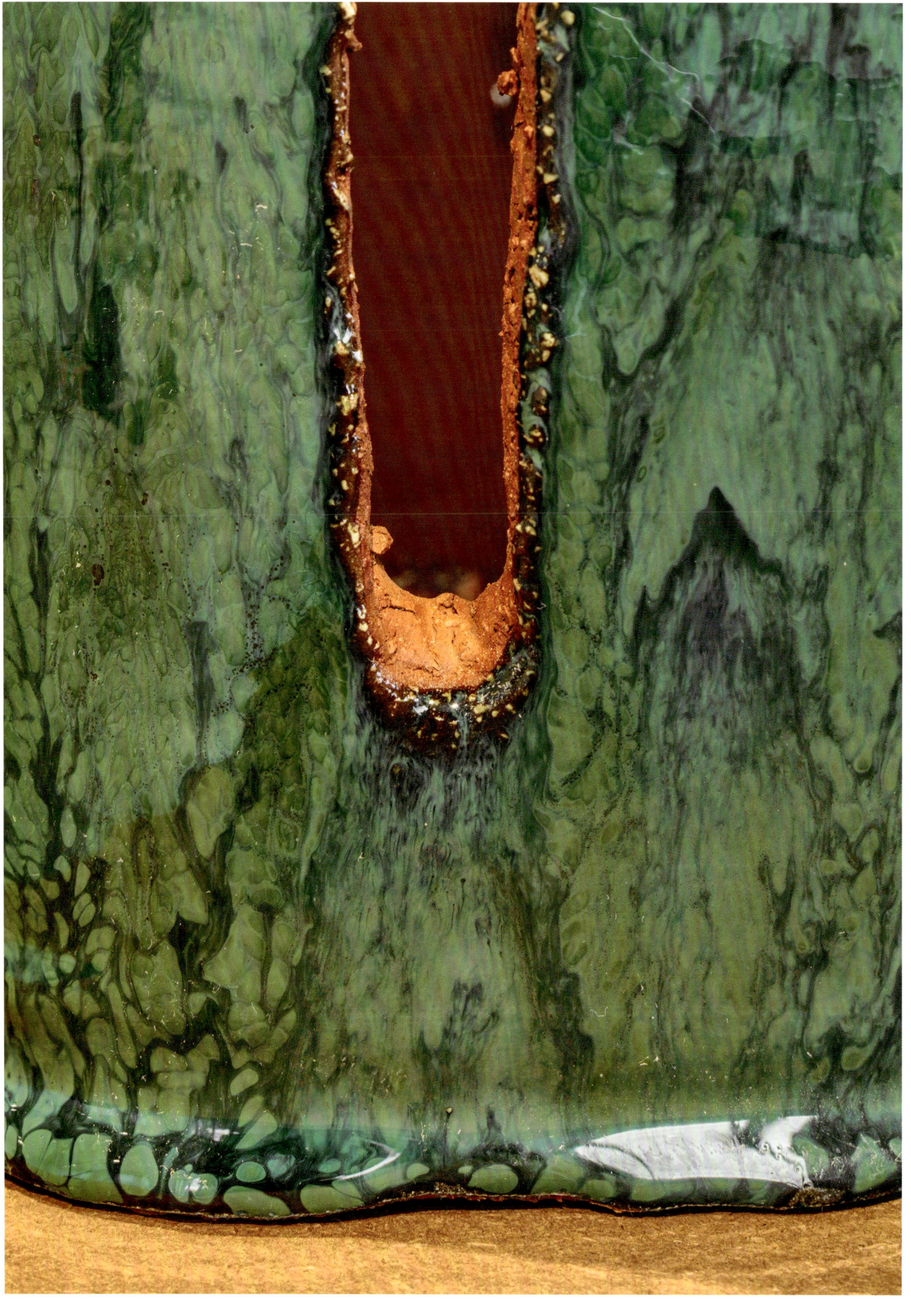

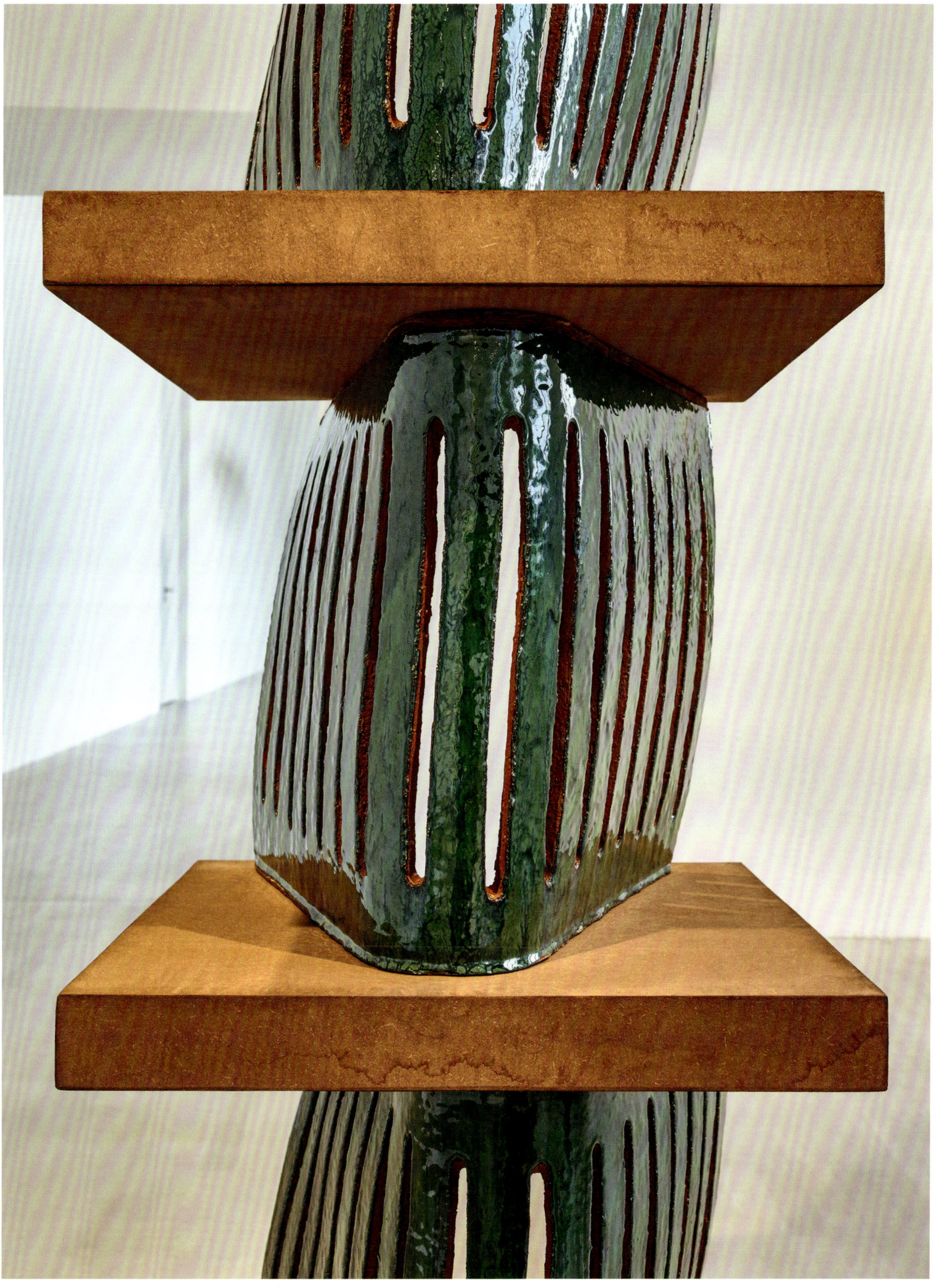

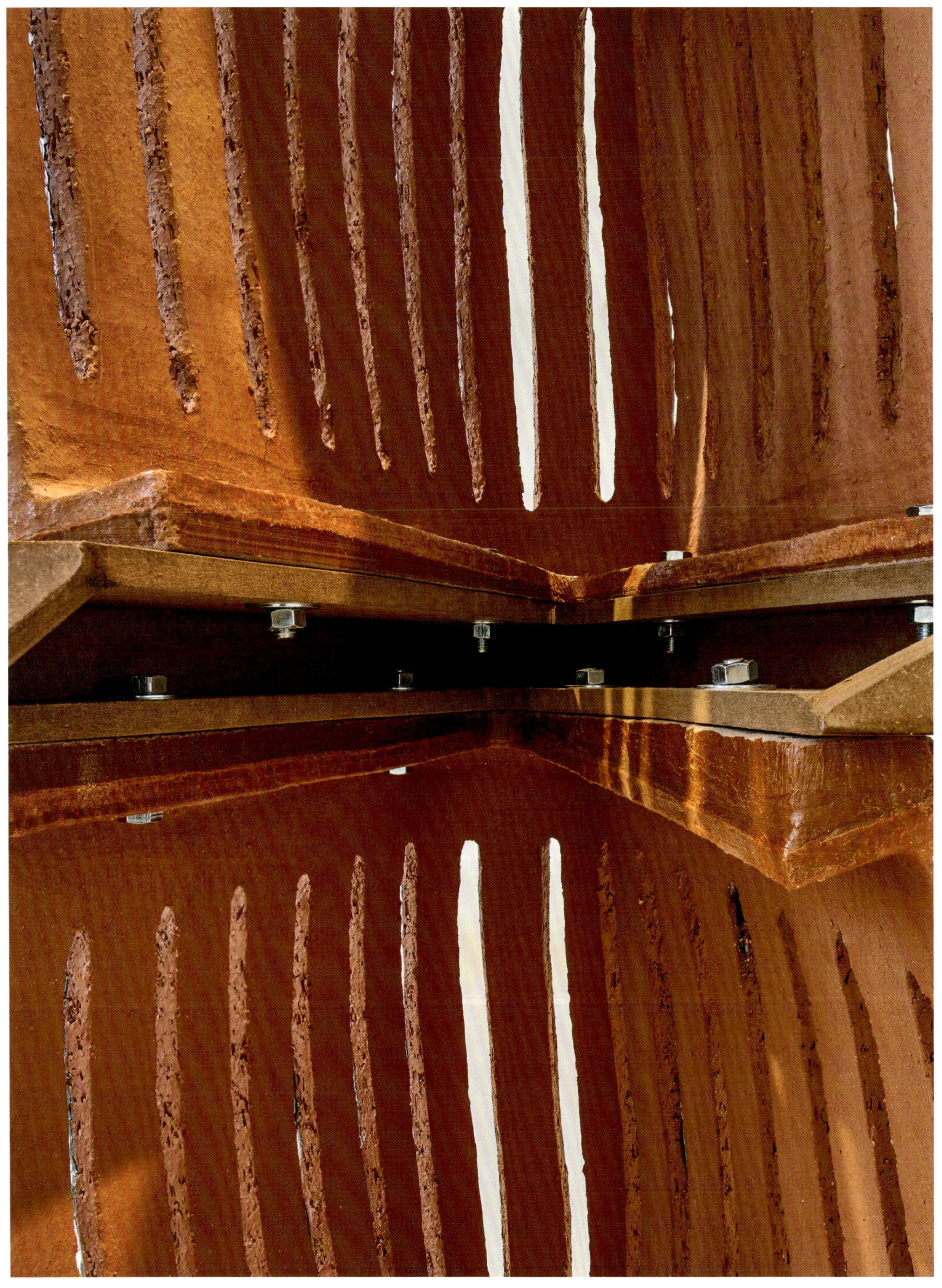

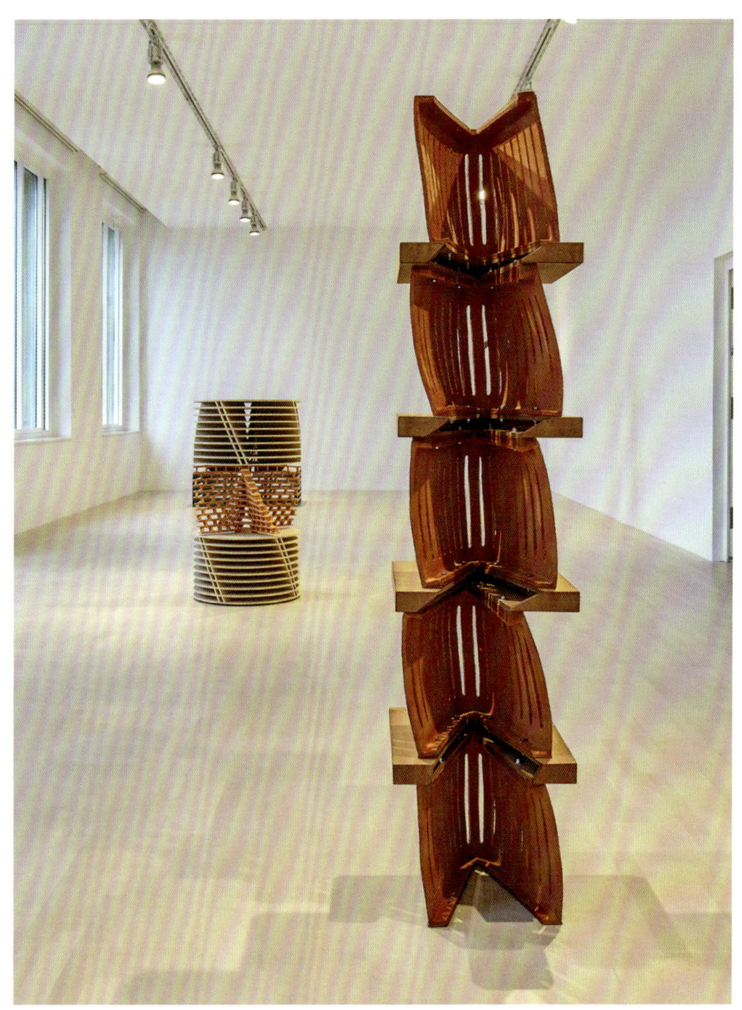

„Jede Linie des abzuzeichnenden Objekts sollte perfekt sitzen. Tat sie das nicht, bestand der Lehrer darauf, dass sie wegradiert und neu gezeichnet wurde. Das war ein Vorgang, der sich x-mal wiederholen konnte, bis die Linie wirklich saß und da war. Das war mühsam und konnte sehr lange dauern, aber es war immer ein tolles Gefühl, diesen Prozess durchlaufen zu haben.“ (Leunora Salihu)

Die Eroberung des Raumes

„Besonders oben auf der Decke hing er gerne, es war ganz anders, als das Liegen auf dem Fußboden; man atmete freier, ein leichtes Schwingen ging durch den Körper, und in der fast glücklichen Zerstreutheit, in der sich Gregor dort oben befand, konnte es geschehen, dass er zu seiner eigenen Überraschung sich losließ und auf den Boden klatschte.“ (Franz Kafka, *Die Verwandlung*)

Es war die Baustilkunde, die Leunora Salihu während ihres Studiums am meisten interessierte. Dabei ging es ihr nicht um die bloße Architektur, sondern um die Geschichten, die dem Umgang mit Materialien und Räumen innewohnen und über die Jahrhunderte hinweg vom Wandel des alltäglichen Lebens und der menschlichen Grundbedürfnisse erzählen. Die Heimat der Künstlerin ist Kosovo (sie wurde 1977 in Pristina im damaligen Jugoslawien geboren), und die Art, wie die Menschen dort bauen, ist bis heute ein Antrieb für ihre Arbeit als Bildhauerin. So zwingen die schlechten Lebensverhältnisse die Menschen zu improvisieren und aus den vorhandenen Materialien spontan Neues zu gestalten. Das schlägt sich im Stadtbild nieder: „Da ist mal ein schiefes Ofenrohr mit Bauschaum in ein zu großes Loch in eine Hauswand gestopft, oder ein alter Stuhl steht angekettet an einen Tisch neben der Busstation und dient vielleicht als Verkaufsstelle. Solche Bilder schaffen in mir eine Vertrautheit und eine Nähe zum Beseelten, zum Gedächtnis und existentiellen Ausdruck von Material und Form. Diese Ebene ist für mich in der künstlerischen Schöpfung sehr wichtig und sinngebend.“ Dass die Formensprache der Werke von Leunora Salihu von Spontaneität und Improvisation geleitet wird, ist nicht auf den ersten Blick sichtbar. Eine Skulptur wie *Propeller* (2016), die in der Ausstellung „Gravity on a Journey“ in der Bel Etage im K21 zu sehen ist, erscheint zunächst wie eine ideal abgestimmte Drehbewegung unterschiedlicher Materialien. Erst auf den zweiten Blick erkennt der Betrachter die feinen Details und erschrickt fast über die akkurate Handarbeit, die die Grundlage für dieses dreiteilige Werk bildet. Erinnert es doch zunächst an eine XXL-Version eines industriell gefertigten Schraubmechanismus aus

Das Rätsel des Objekts

Susanne Meyer-Büser

dem Baumarkt. Das mittlere Tonelement erhält seine Grundform durch übereinanderliegende, leicht verschobene Kreuzstrukturen. Zwischen jedem Kreuz halten kleine, rautenförmige Tonplättchen den Abstand zur nächsten Lage. Die dadurch erzeugte Gitterstruktur ist alles andere als perfekt, scheint sie doch aus vielen kleinen individuellen Plättchen zu bestehen, die ein Eigenleben führen. Nur der Sachverstand und das bedächtige Vorgehen der Künstlerin haben alles so zusammengebracht. Die Drehbewegung des tönernen Propellers wird im unteren und oberen Bereich von geschichteten Holzplatten weitergeführt. Salihu verwendet für diese, wie für alle anderen Arbeiten, ausschließlich industriell produzierte Platten, denen jegliche natürliche Anmutung fehlt. Die organischen Wabenstrukturen, die durch den viel komplizierter zu verarbeitenden Ton entstanden sind, erzeugen durch die Nachbarschaft zu dem industriellen Holz Spannung und Harmonie zugleich.

Das Ausloten der Grenzen und der Möglichkeiten des Materials ist nur eine der Herausforderungen, die Leunora Salihu bei der Herstellung einer Skulptur sucht, häufig ist es auch die Überwindung der Schwerkraft. In dem ersten der drei Räume befindet sich auch die Arbeit *Schwester* (2012/13), eine in zwei Teile geschnittene, gerüstartige Hohlform. Jede der Hälften liegt auf einem ebenfalls zerschnittenen Sockel, der die gerippte Struktur des oberen Objekts aufgreift und transformiert. Die beiden länglichen Hohlformen lassen an einen aufgeplatzten, überdimensionalen Kokon denken, dessen ehemaliger Bewohner, vielleicht eine Insektenlarve, verschwunden ist. Die Herstellung der Hohlform war denkbar kompliziert. Zuerst musste der zum Gefäß geformte Ton einen bestimmten Trocknungsgrad erreicht haben, damit Salihu die Rippen herausschneiden konnte. Dann galt es, die Zwischenräume mit kleinen Plättchen abzustützen und ebenso den Hohlkörper selbst, damit die Abstände und das Volumen erhalten blieben. Da der Ton an den dünneren Rippenbögen schneller trocknete als an den massiveren Verbindungszonen, wurden die Rippen mit Folie abgedeckt, um den Trocknungsvorgang in diesen Bereichen zu verlangsamen. Wären die Partien ungleichmäßig getrocknet, hätte die Spannung des Materials das Objekt in Stücke gerissen. Während der Trocknungsphase, die über Wochen dauerte, musste der Zustand des Tons täglich kontrolliert und korrigiert werden. Bei anderen Keramikobjekten wie zum Beispiel dem *Bogen* (2016) baute die Künstlerin sogar eine Unterkonstruktion, die das Objekt bis zur vollständigen Trocknung in Schräglage hielt, damit der Wasseranteil des Materials sich gleichmäßig verteilte.

Beschäftigt Salihu ein künstlerisches oder materialbedingtes Problem, so werden verschiedene Varianten so lange durchgearbeitet, bis sie eine Lösung gefunden hat und die Eigenschaften des Materials perfekt beherrscht. Bereits bei *Gregor* (2010/11), in Anspielung auf Gregor Samsas Verwandlung in der gleichnamigen Kurzgeschichte von Franz Kafka, hatte Salihu die Form der Insektenhülle gewählt und damit eine Hohlform zu einer Skulptur gemacht. Die Verhärtung des äußeren, formgebenden Materials ist allerdings bei dieser früheren Arbeit noch entschiedener thematisiert. Schwere und Größe des Objekts entsprechen menschlichen Körpermaßen und lassen die organische Gerüstkonstruktion als schützenden, aber auch abweisenden Panzer spürbar werden.

Leunora Salihu versteht ihre plastischen Arbeiten als eine Auseinandersetzung mit Architektur, unter der sie nicht nur den umbauten Raum mit seinen Konstruktionselementen versteht, sondern auch das spannungsvolle, energiegeladene Nebeneinander konvexer und konkaver Formen. Sie thematisiert die emotionale Besetzung von Innen- und Außenräumen, deren Oberflächen und physische Präsenz. „Mich interessiert der existentielle Aspekt der Behausung als ein persönlicher Schutzraum, als äußere Hülle und innerer Erfahrungsraum. In meinen Skulpturen findet man immer mehrere Ebenen, die an Natur und Architektur gekoppelt sind. Mich beschäftigt zum Beispiel das Verhältnis von dem inneren, tragenden Element, dem Gerüst oder Skelett, zur äußeren Gestalt, zur Hülle als Haut oder insektenartigen Panzer."

Schwebezustände

Der erste Raum der Ausstellung zeigt neben *Propeller* eine ganze Reihe von kleinen und mittelgroßen Arbeiten aus Ton und Holz. Da die Eigenschaften dieser beiden Werkstoffe denkbar unterschiedlich sind, ist es nur dem Gespür der Künstlerin zu verdanken, dass diese in ihren Objekten eine Symbiose eingehen. Es reizt Salihu, Materialprobleme zu lösen, sie bilden die Triebfeder für neue, noch komplexere Projekte. Ein Werk, das ebenfalls aus Ton und Holz besteht, ist die säulenartige Arbeit *Welle* (2017). Fünf gerippte Keramikelemente, deren Form an einen Schiffsbug erinnert, sind übereinandergestapelt. Getrennt werden die einzelnen Elemente durch Holzplatten. Die Spannung, die diesem Objekt innewohnt, resultiert zum einen aus dem Nebeneinander organischer und anorganischer Formen, zum anderen aus der Gleichzeitigkeit von Statik und Bewegung. Diese Kombination von fein ausbalancierten Gegensätzen ist ein essentieller Bestandteil der Werke Salihus. Bei aller handwerklichen Perfektion des

Zusammenfügens behält aber letztlich der Ton in den keramischen Arbeiten die Oberhand für die Formfindung. Der zunächst feuchte und später getrocknete Lehm führt ein beharrliches Eigenleben, und seine endgültige Form lässt sich höchstens beeinflussen, aber nicht bestimmen. Entsprechend sehen die Keramikelemente nur auf den ersten Blick gleich aus, betrachtet man sie näher, ist jedes Teil anders und verfügt über spezifische physiognomische Eigenheiten. Diese „Beseeltheit" des Materials ist es, die die Künstlerin schätzt und immer wieder aufs Neue wachruft.

Wesentlich gelenkt wird die Individualität jeder Arbeit durch die Wahl der jeweiligen Glasur, die transparent oder farbig, ganz oder partiell das Objekt überzieht. Diese mal krustige, mal feinporige, matte, glänzende oder gar schillernde „Haut" ist eine haptische Versuchung. Salihu legt viel Wert darauf, die jeweils passende Oberfläche für ein Werk auszusuchen und genau umzusetzen. In ihrem Atelier archiviert sie unzählige Musterplättchen mit Glasuren, die sie selbst in den letzten Jahren zu Studienzwecken hergestellt hat und auf die sie nun zurückgreift. Zu jedem Plättchen hat sie die chemische Zusammensetzung der Glasur, bestehend aus Mineralien, Pigmenten und Metalloxiden, und deren Mengenverteilung präzise festgehalten. Beharrlichkeit und Ausdauer in den Produktionsprozessen ziehen sich wie ein roter Faden durch das Werk.

Von ganz anderer Sinnlichkeit sind die Arbeiten *Boot* (2015), *Treppe* (2015) und *Trichter* (2007) im zweiten Raum der Ausstellung. Diese Arbeiten aus Pressholz muten sehr leicht an und sind tatsächlich trotz ihrer Größe von geringem Gewicht. Nach dem ersten mit erdigen Skulpturen gefüllten Raum, der Fülle und Schwere vermittelt, ist dieser nun hell und licht. Das Boot hängt von der Decke und lädt mit einer Stickleiter spielerisch zum Einsteigen ein. Die gewendelte Treppe führt in die Höhe und man denkt im Geheimen darüber nach, ob die Stufen wohl das eigene Gewicht tragen könnten. Zu reizvoll ist die Vorstellung, mit diesen poetischen Konstruktionen in eine andere Welt hinüberzugleiten. Sind doch Wolkenschiff und Himmelsleiter von je her biblische Symbole und Werkzeuge, um aus einer unzumutbaren weltlichen Situation zu entfliehen. Der *Trichter* hingegen, dessen Bewegungsrichtung in die Tiefe verweist, holt den Betrachter zurück aus den gedanklichen Höhenflügen und pocht auf die Unerbittlichkeit der geschichtlichen Abwärtsbewegung.

Die traumwandlerische, surreale Atmosphäre des zweiten Raumes resultiert jedoch nur zum einen aus der Symbolik der Arbeiten, zum anderen aus der millimetergenauen Platzierung der drei Skulpturen zueinander und deren Verhältnis zum Umraum. „Das Zwischen ist so etwas faszinierend Ungreifbares und dennoch ein ganz konkretes Gefühl: zwischen zwei Welten zu sein, in Zwischenräumen zu verharren, zwischen den Stühlen zu sitzen, das, was zwischen mir und einem anderen Menschen ist…“ Was die Ausstellungen von Leunora Salihu besonders auszeichnet, ist immer auch der spannende Dialog zwischen den Kunstwerken und der Museumsarchitektur. Die schlichte Leere zwischen den Objekten und den Umgebungswänden kann zu einem aufregenden Tête-à-Tête werden, weil der Raum selbst als skulpturales Element in Erscheinung tritt.

Passgenau auf die Architektur des Ständehauses ausgerichtet und eigens für die Ausstellung produziert, setzt die Großskulptur *Urknall* (2017) mit fast fünf Metern Länge und über zwei Metern Höhe im letzten der drei Räume ein markantes Schlusszeichen. Dieses riesige Etwas kommt einem bekannt vor: Es erinnert zunächst an eine riesige Achse mit zwei radartigen Elementen, das eine mit beschichtetem Holz verkleidet, das andere als nacktes Holzgerüst. Beide Elemente sind durch eine Art Rohr verkoppelt, dessen Mittelpunkt ein keramischer Brocken bildet. Das ganze Ensemble kann das Modell einer Raumstation mit zwei Kabinen und einem Verbindungsgang sein, der allerdings in der Mitte unterbrochen ist. Aber ist es wirklich eine Raumstation, die nachgebildet wurde? Oder erliegt der Betrachter einer geschickten Irreführung seiner Wahrnehmung, die doch immer darauf bedacht ist, Sinn und Bedeutung in einem Kunstobjekt zu erkennen? Leunora Salihus Absichten weisen darüber hinaus, wenn sie betont, beim Bau ihrer Skulpturen stets auf der Suche nach einer überzeitlichen künstlerischen Sprache zu sein und Form- und Materialwahl dieser Intention unterzuordnen. Ihre Formen erinnern zwar an Details aus dem Alltag, aber durch Verschiebungen der Größenverhältnisse, die Auswahl des Materials oder durch serielle Anwendungen einzelner Elemente wird das Objekt verfremdet und nimmt ein irritierendes Eigenleben an.

Diese Rätselhaftigkeit der Formen geht einher mit einer kristallklaren Offenlegung ihrer Bauweise. Wie in *Urknall* bleibt das „Gerüst“ der Skulpturen sichtbar, es ist nicht nur ein zwingend notwendiges Konstruktionselement, sondern erlaubt, Oberfläche und Transparenz, Innen- und Außenansicht in einer Figur gleichzeitig zu thematisieren. Das Gerüst basiert auf seriell angefertigten Einzelelementen, die die Künstlerin in Handarbeit vorfertigt und erst am Ausstellungsort zusammensetzt. Die Schrauben, die die Teile zusammenhalten, sind sichtbar. Dieses modulare Stecksystem hat sich Leunora Salihu als Bildhauerin zu eigen gemacht, sie kann damit auch Objekte produzieren, die weit über das Fassungsvermögen ihres Ateliers hinausreichen.

Trotz seiner Größe wirkt *Urknall* ausgesprochen leicht und dynamisch. Durch die rhythmische Bauweise des Gerüsts gelingt es der Künstlerin, die Statik der Konstruktion visuell in eine Drehbewegung zu versetzen. Dazu ordnet sie lange Holzbretter um ein Loch wie Speichen in einem Rad an und verlängert diese zu einem riesigen rhönradähnlichen Segment. Das eigentlich starre Holz wird so arrangiert, dass es beweglich und eigenartig belebt erscheint.

Für die Großskulptur *Urknall* gib es einen Vorläufer. Bereits 2011 setzte sich Salihu in der Arbeit *Urraum* mit dem Thema Behausung auseinander und gestaltete schon damals den Raum als potenziell endloses Prinzip aneinandergereihter Module. Der *Urraum*, den die Künstlerin selbst als Keimzelle vieler ihrer weiteren Ideen versteht, ist so konzipiert, dass er einen Teil eines größeren Ganzen darstellt. Würde man viele *Urräume* aneinandersetzen, entstünde durch dessen leichte Biegung irgendwann eine kreisrunde geschlossene Form. Auch *Urknall* ist als serielles Modul angelegt, das Andocken weiterer identischer Skulpturen ergäbe eine Kette, die sich endlos in den Weltraum erstreckt. Eine visionäre, utopische Vorstellung, mit der die Künstlerin den dritten Raum der Ausstellung ins Grenzenlose öffnet. Allein der keramische Brocken, der zwischen den beiden Raummodulen steckt, irritiert. Er glitzert und funkelt wie ein Stern aus einer anderen Welt. Ein kostbarer Findling. Hält er die beiden Module zusammen oder halten die Module den Brocken gefangen? Es bleibt ein Rätsel.

RAUM

2

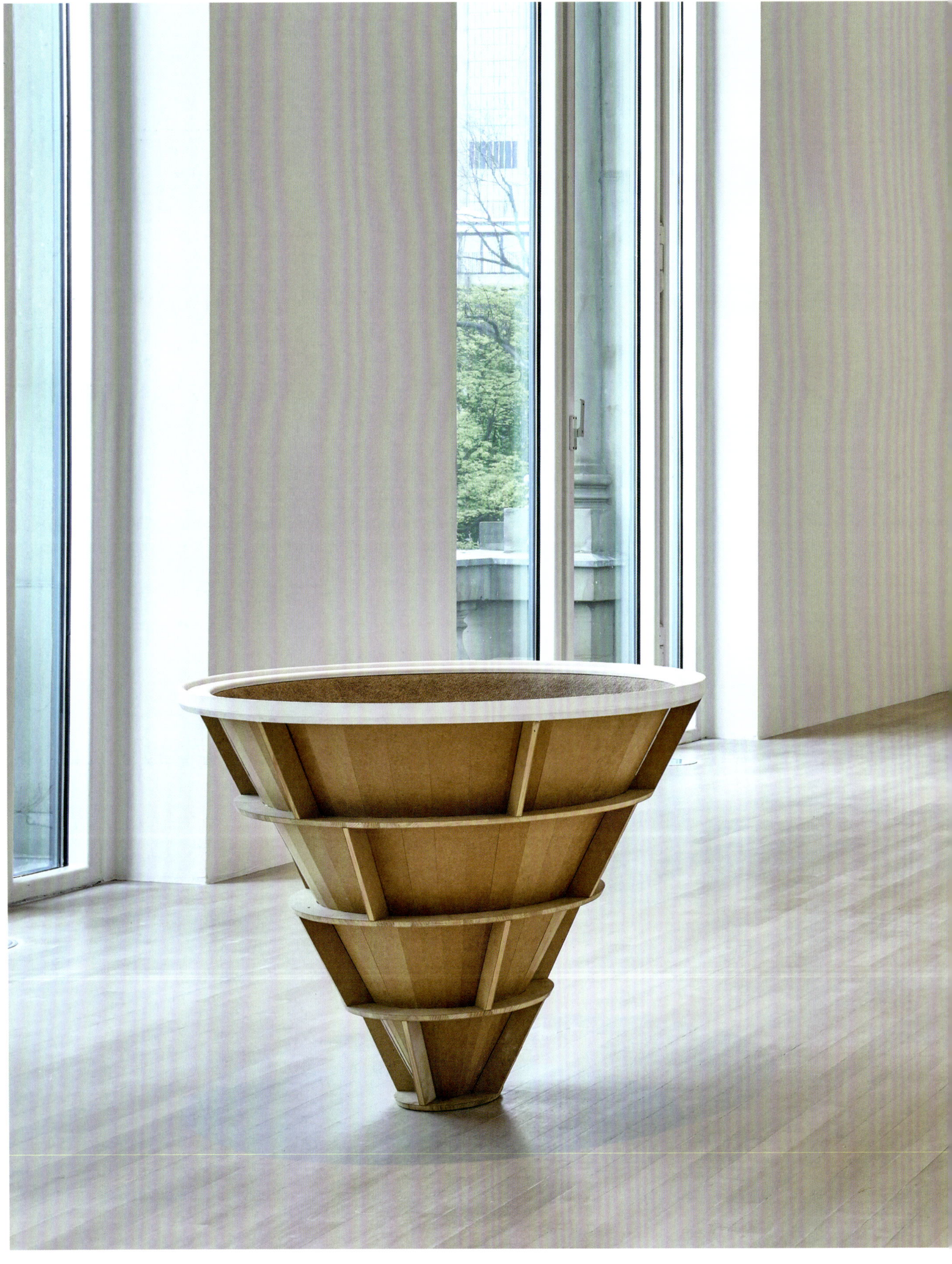

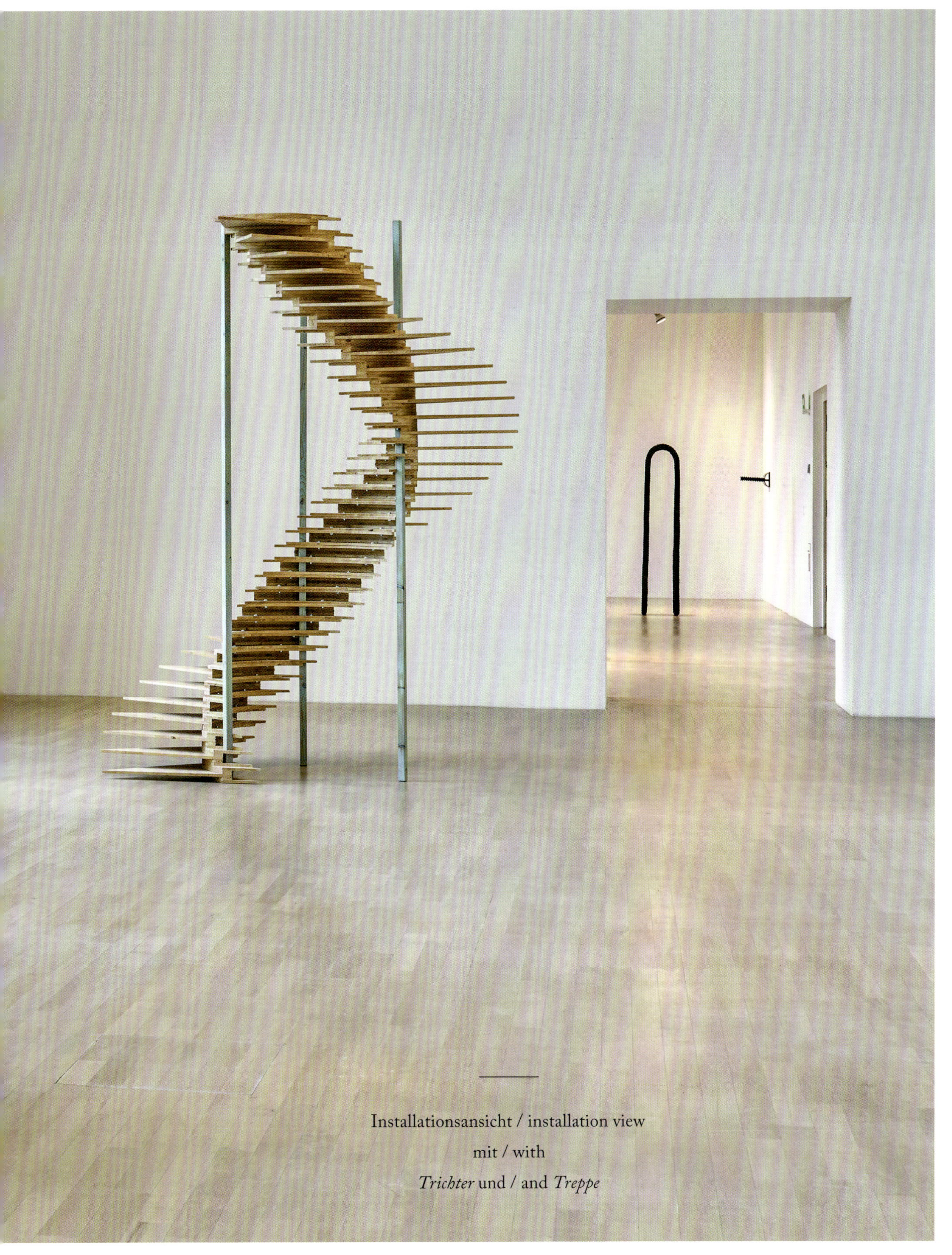

Installationsansicht / installation view
mit / with
Trichter und / and *Treppe*

Trichter

2007
Holz, Gips, Teppich / wood, plaster, carpet
80 × 100 × 100 cm

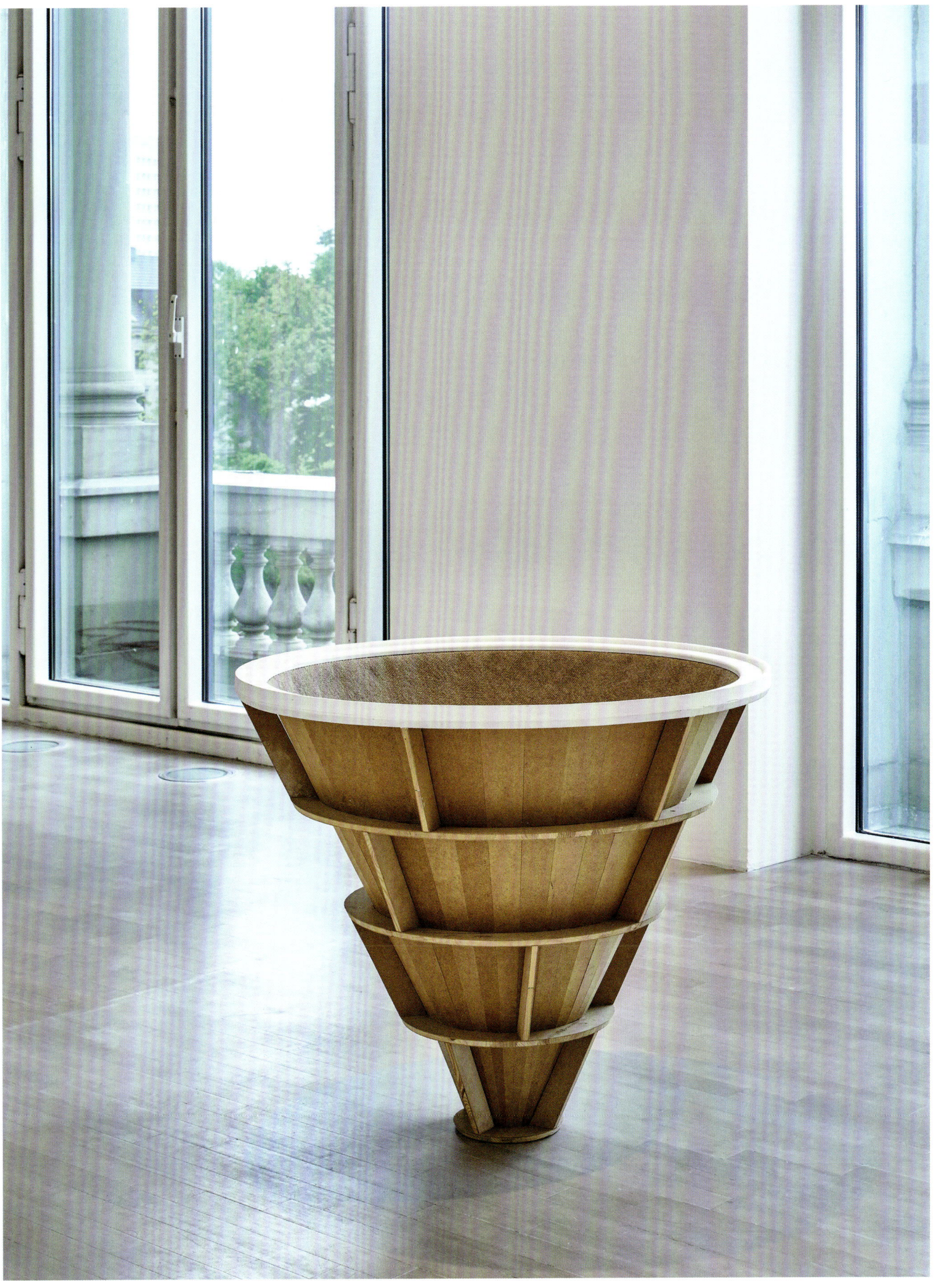

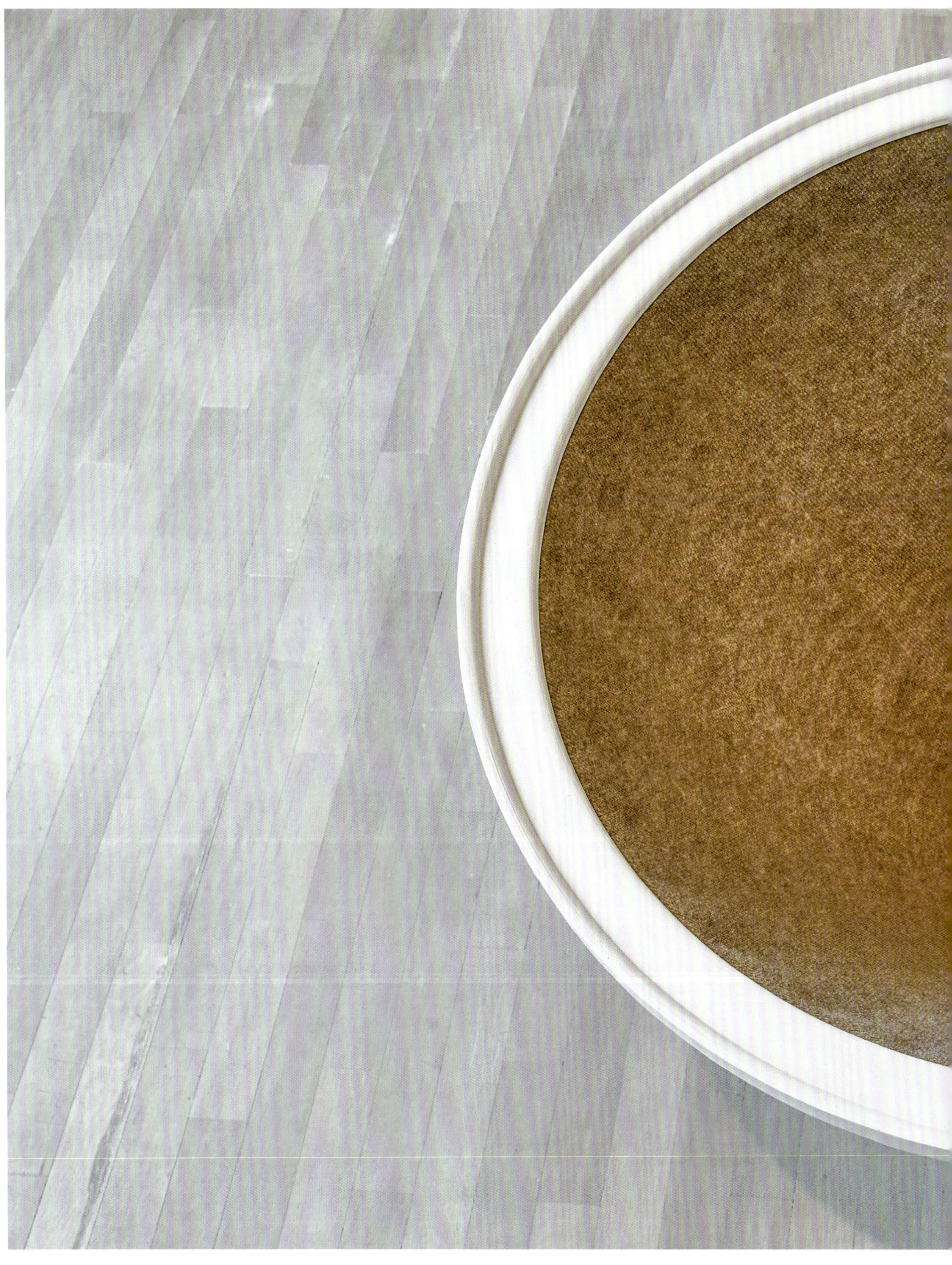

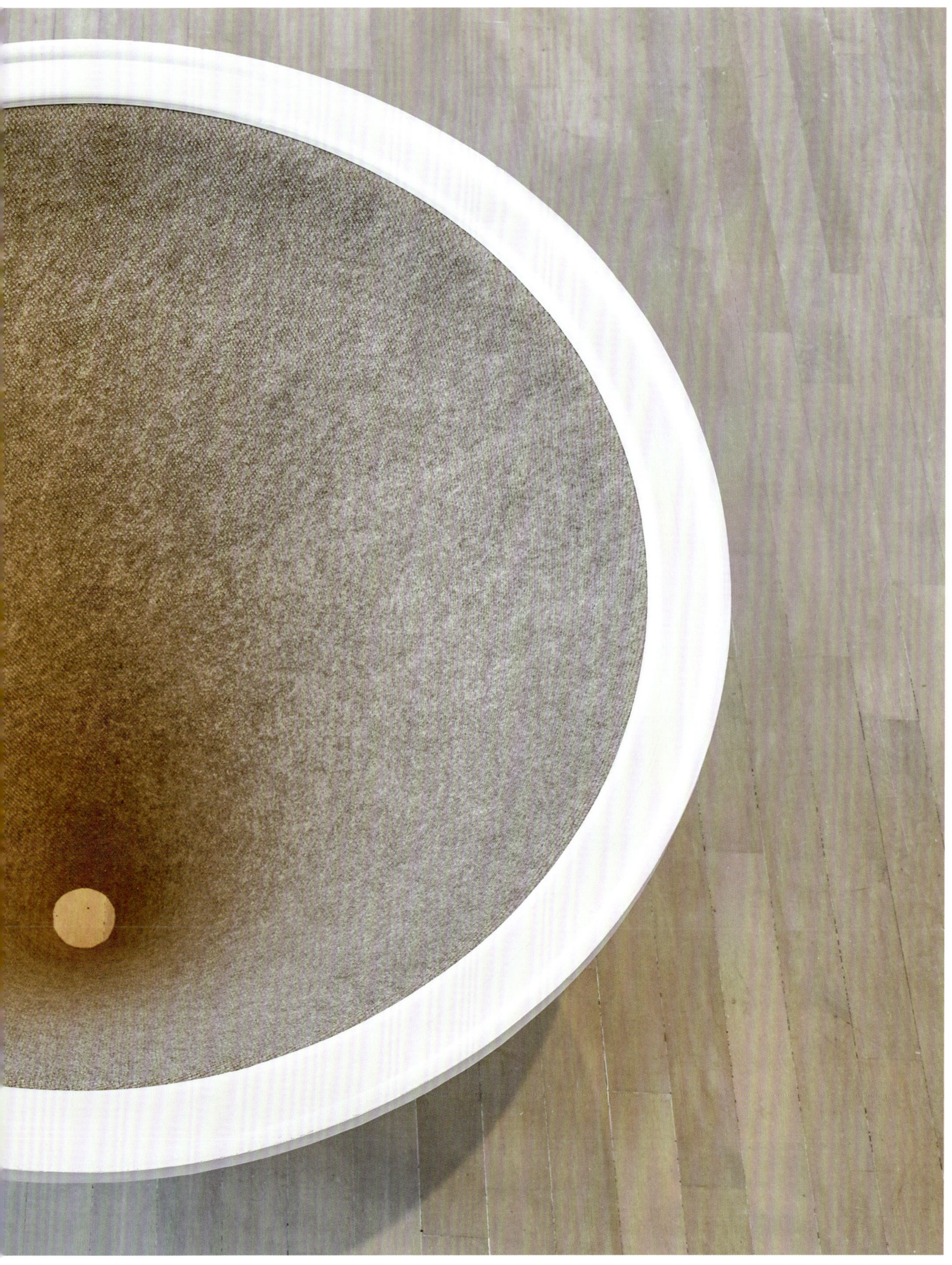

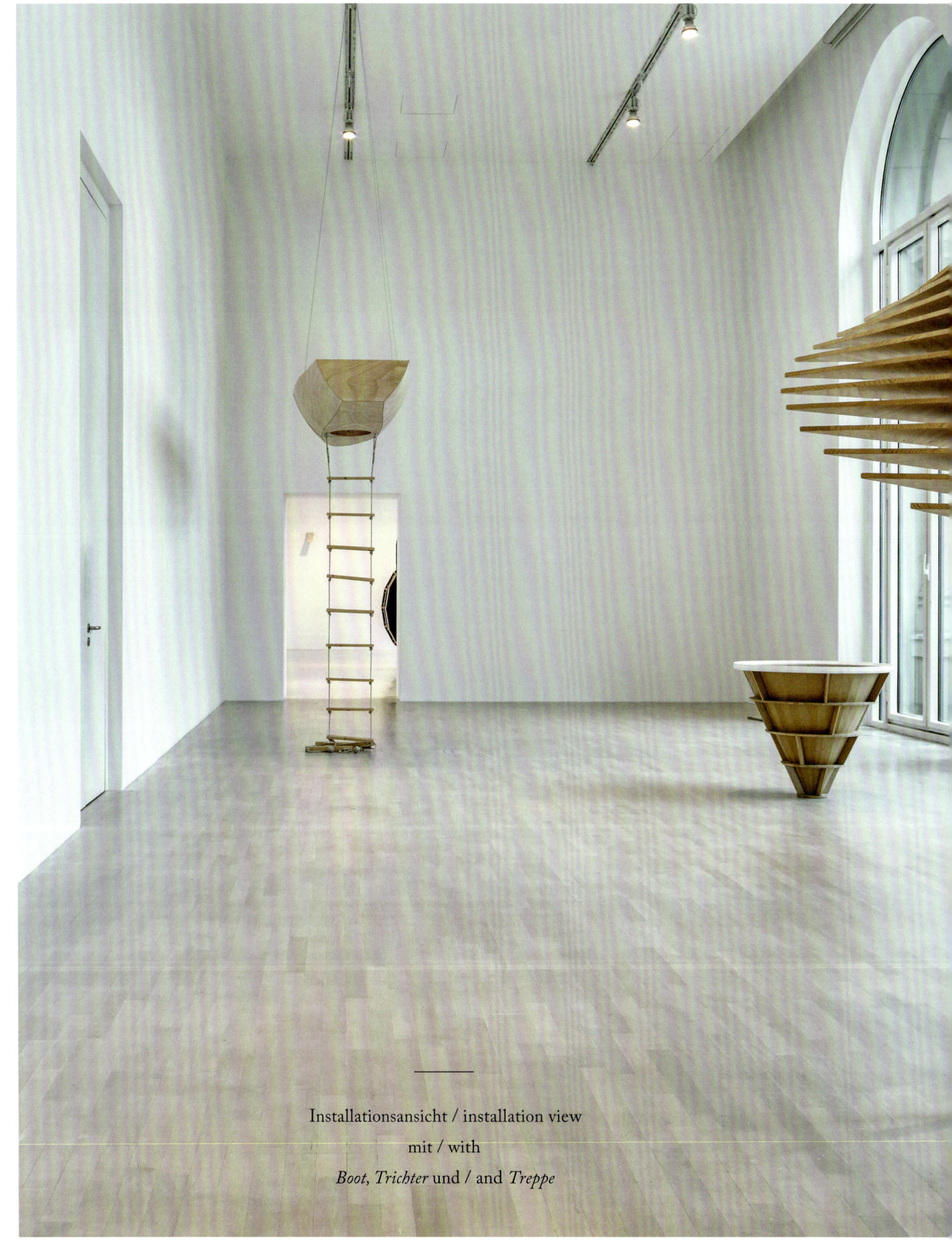

Installationsansicht / installation view
mit / with
Boot, *Trichter* und / and *Treppe*

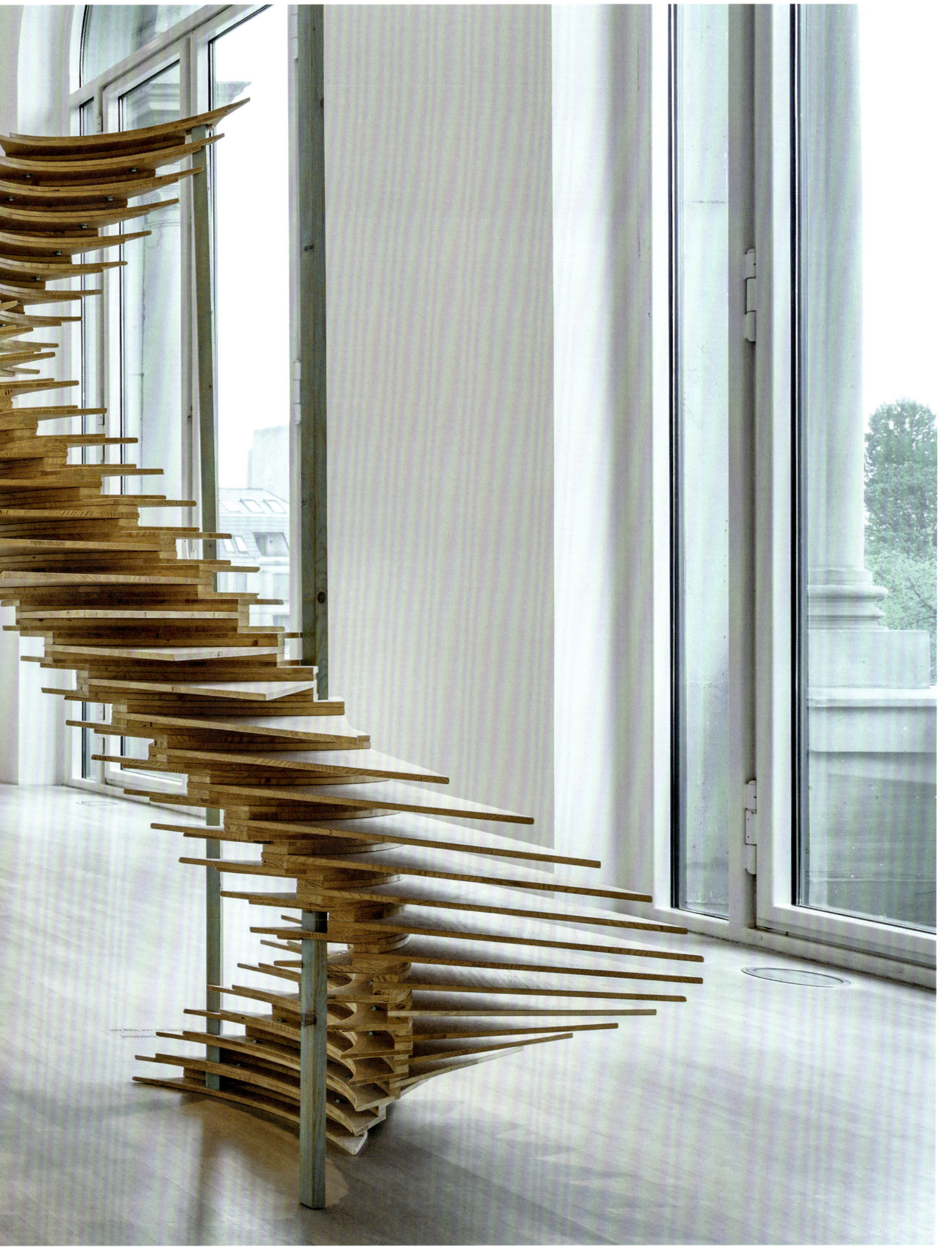

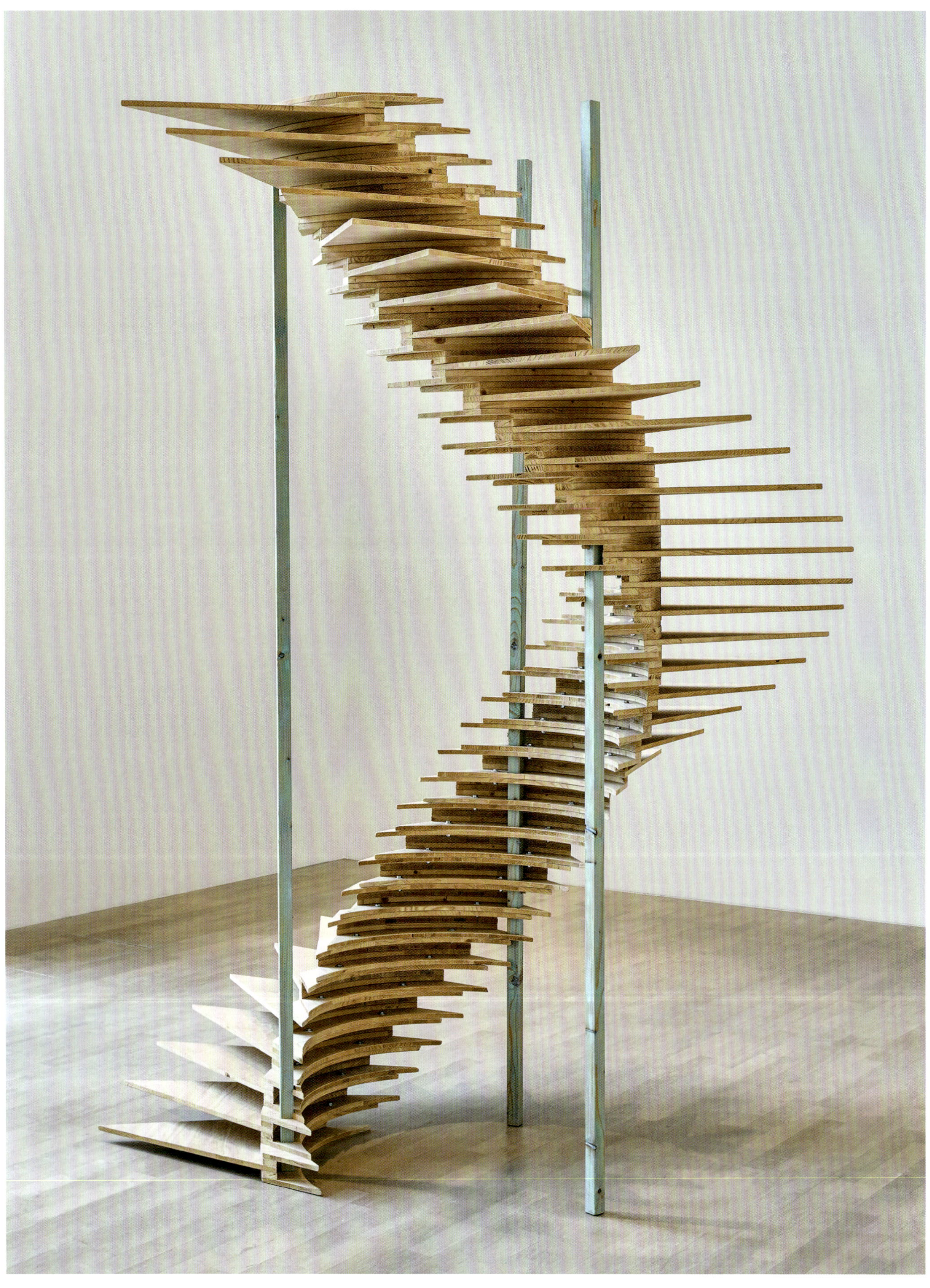

Treppe

2015
Holz / wood
250 × 200 × 200 cm

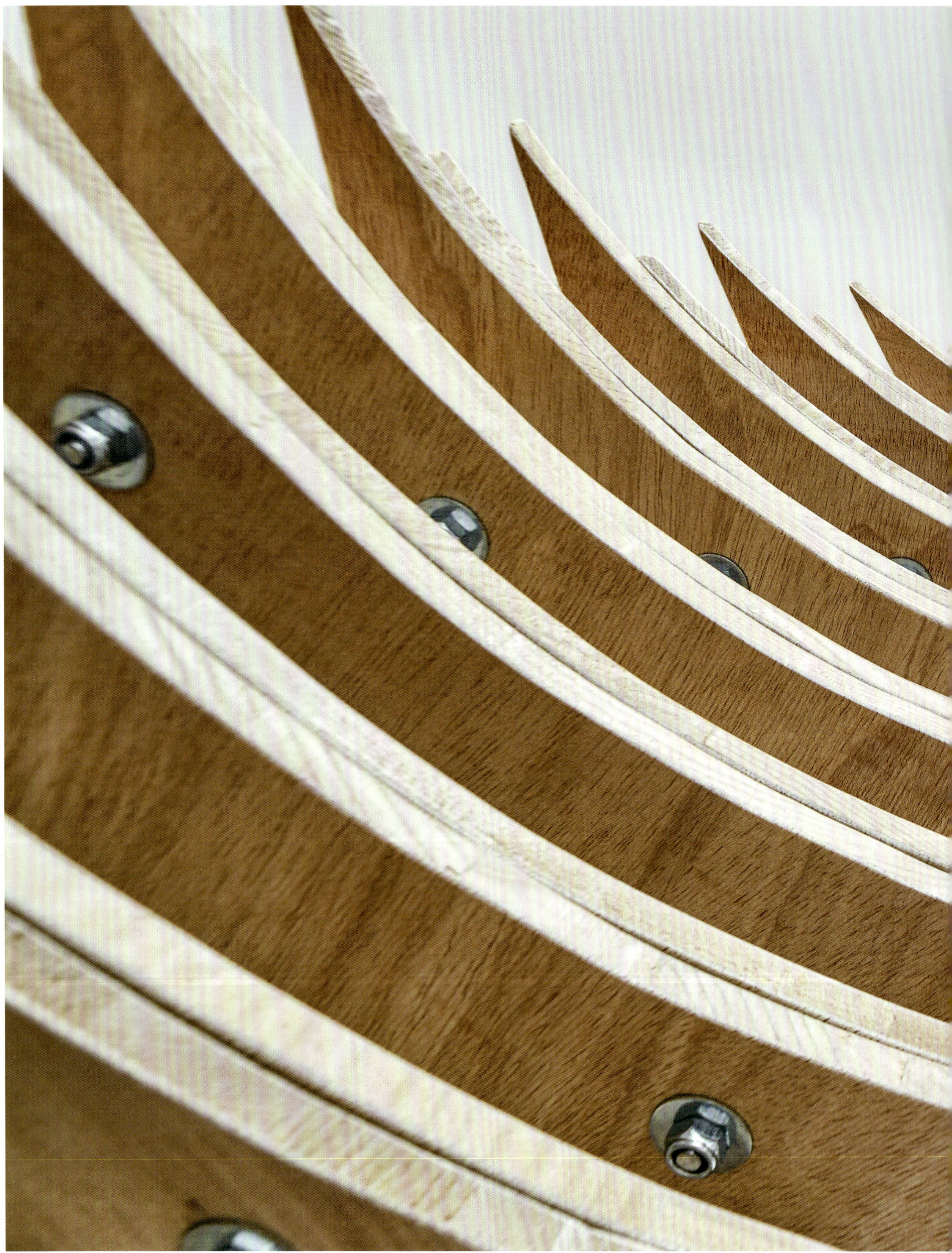

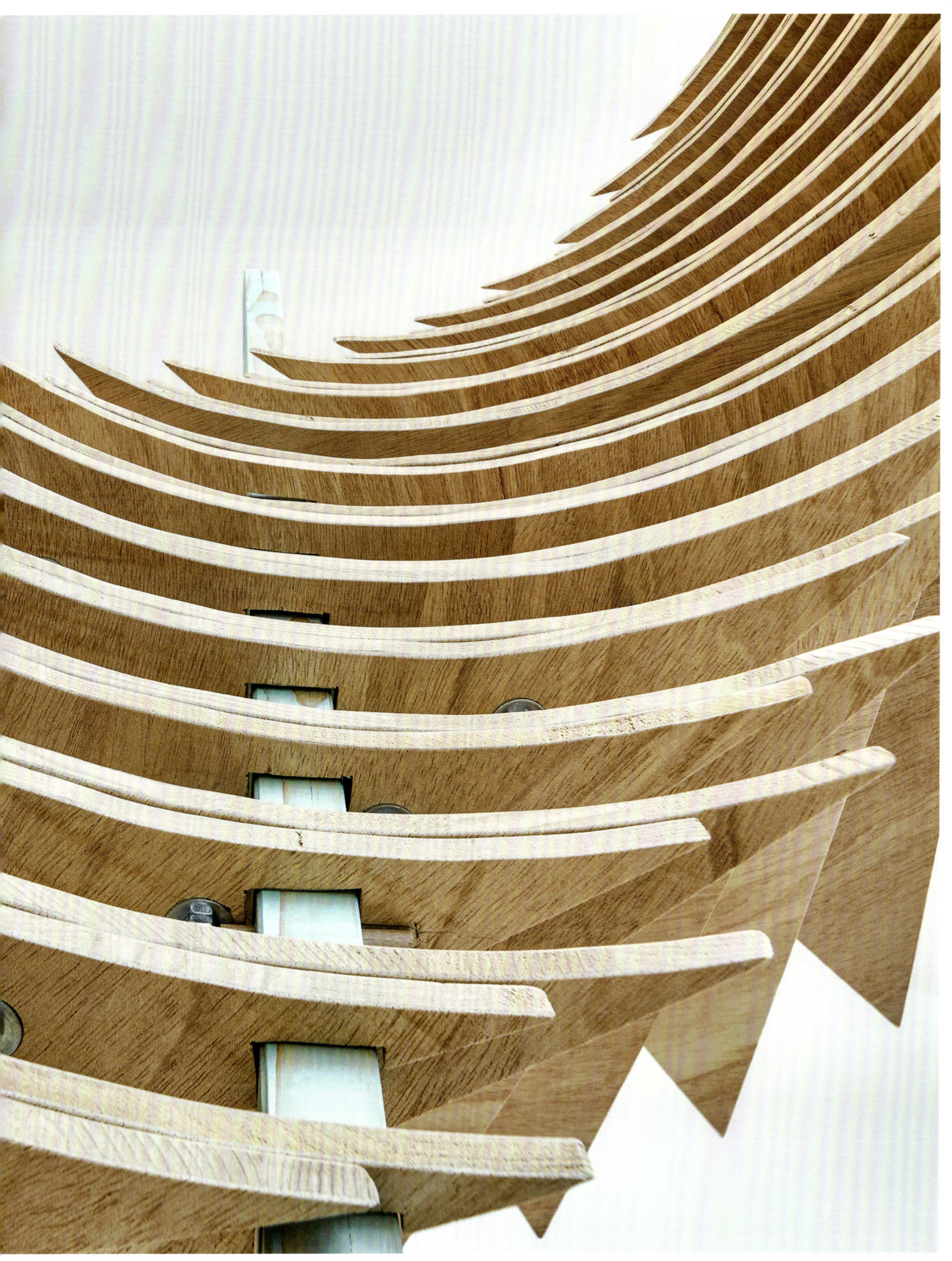

Boot

2015
Holz, Seil / wood, rope
36 × 96 × 313 cm, plus Hängeleiter / hanging ladder

Installationsansicht / installation view
mit / with
Trichter, Treppe und / and *Boot*

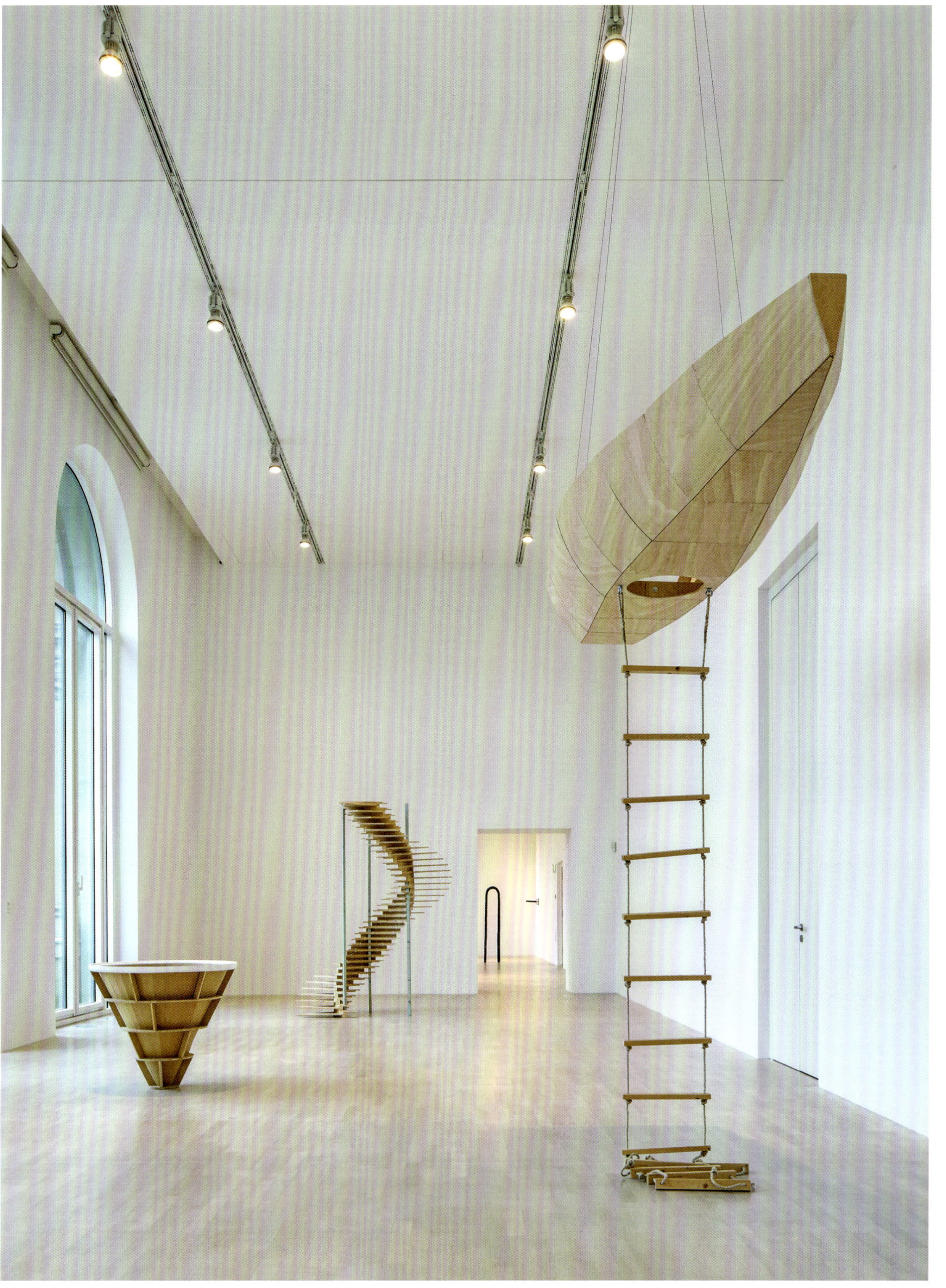

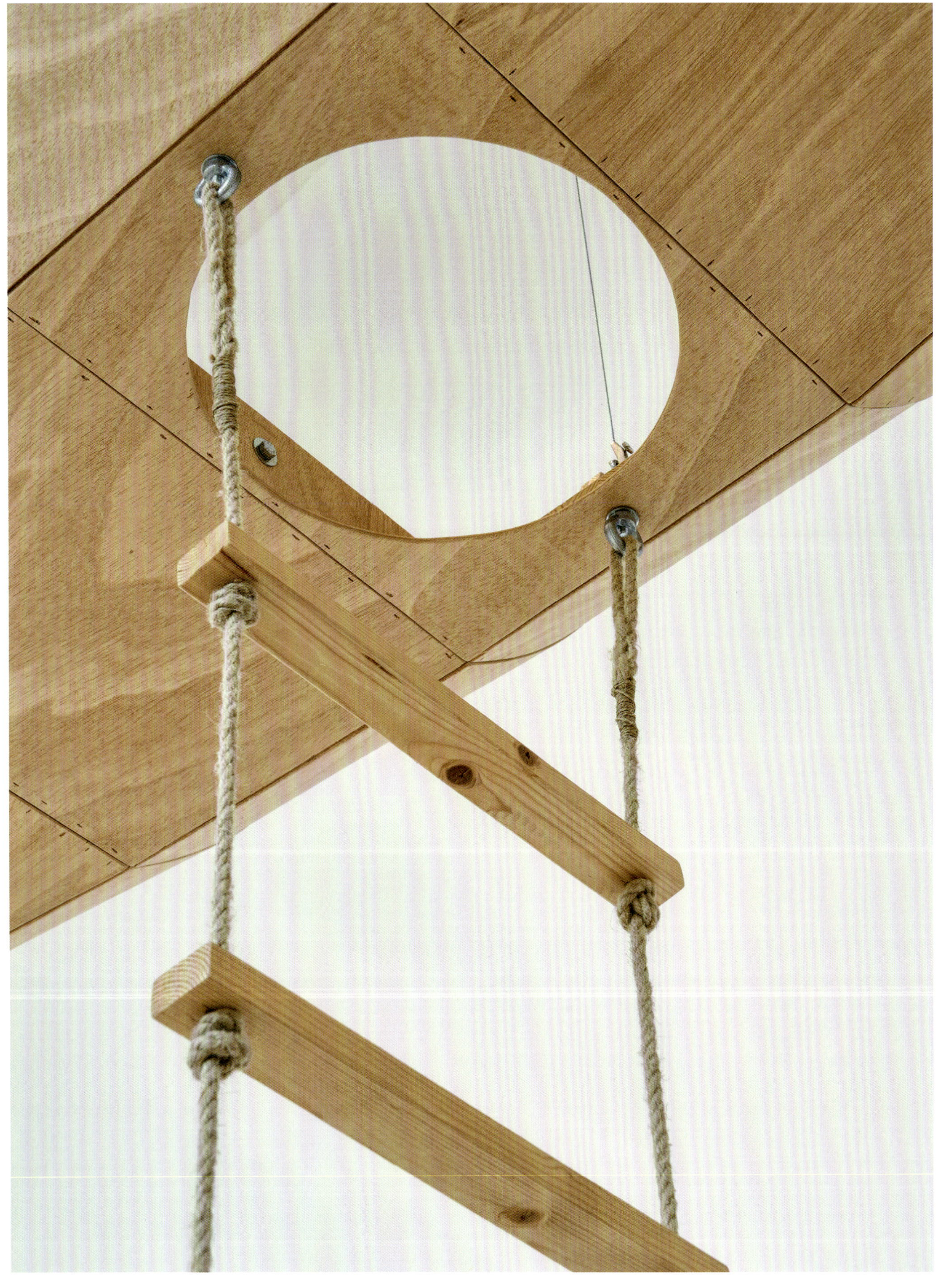

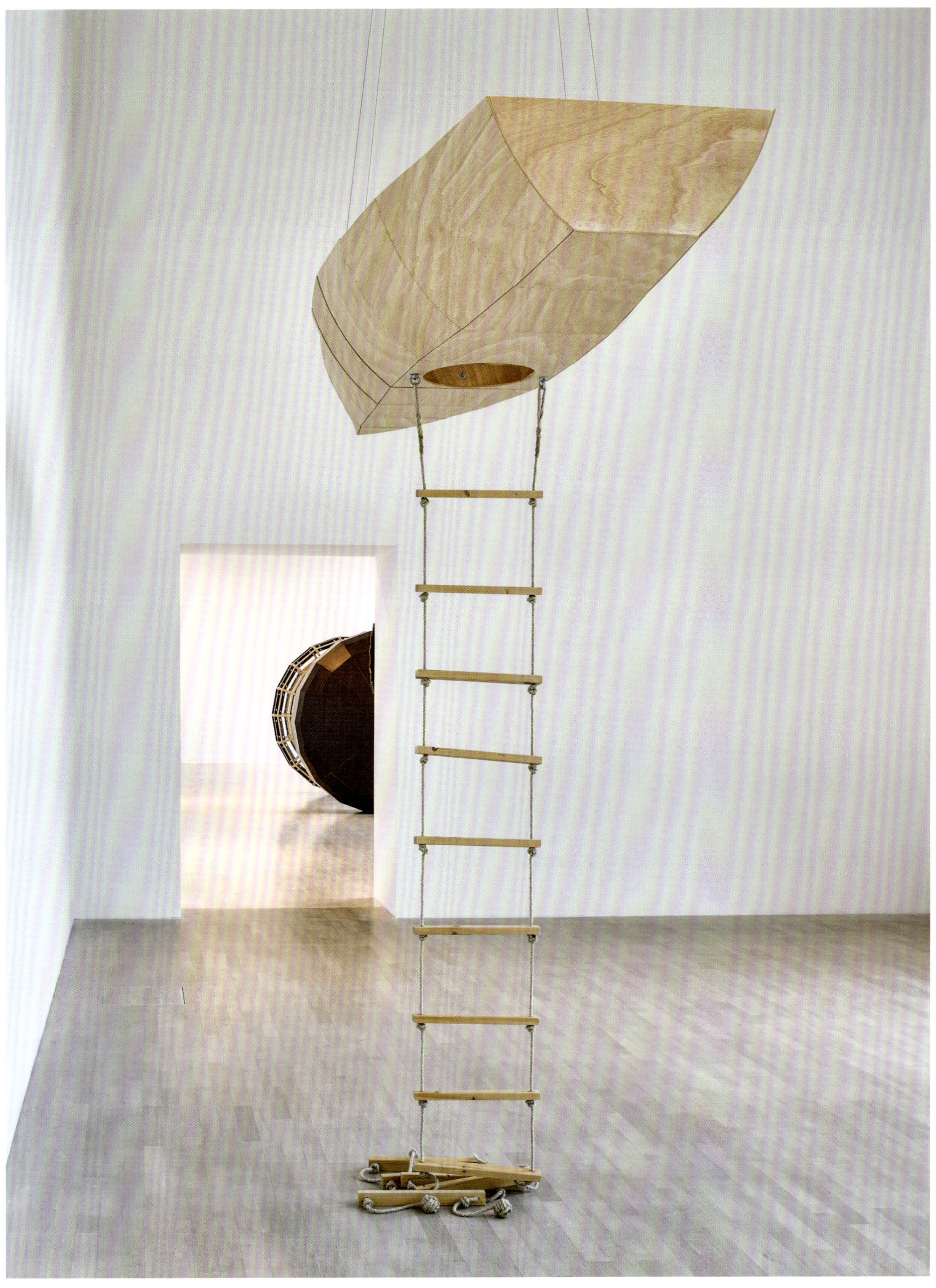

"Every line of the object being drawn had to be perfectly placed. If it wasn't, the teacher insisted that the line be erased and redrawn. This was a process that could repeat itself indefinitely, until the line was exactly right and really there. This was arduous, and it could take a very long time, but it was always a great feeling to have gone through this process." (Leunora Salihu)

Conquering Space

"He was especially fond of hanging from the ceiling. The experience was quite different from lying on the floor. It was easier to breathe, a slight vibration went through his body, and in the midst of the almost happy amusement which Gregor found up there, it could happen that, to his own surprise, he let go and hit the floor." (Franz Kafka, *The Metamorphosis*)

The science of architectural styles was what interested Leunora Salihu the most during her studies. It wasn't only the architecture she was interested in, but the stories inhabiting the various approaches to material and space that, over the course of centuries, speak of changes in everyday life and basic human needs. The artist comes from Kosovo (she was born in Prishtina in 1977, in the former Yugoslavia), and to this day, the way people build there serves as an inspiration for her sculptural work. Unfavorable living conditions force people to improvise and to spontaneously create something new from available materials. This comes to expression in the city's appearance: "You might have a crooked oven pipe stuffed into an oversized hole in the wall of a house that's filled in with building foam, or an old chair chained to a table next to a bus stop that maybe serves as an open-air store. Things like this give me a sense of familiarity and soulfulness of memory, an existential expression of material and form. For me, this level in artistic creation is very important and meaningful."
The fact that the formal language in the works of Leunora Salihu is led by spontaneity and improvisation is not apparent at first glance. A sculpture like *Propeller* (2016), which can be seen in the exhibition "Gravity on a Journey" in the Bel Etage of K21, initially seems like the ideally calibrated rotational motion of various materials. It's only when the viewer takes a closer look that he or she sees the intricate details and becomes almost alarmed at the painstaking handcraft that forms the basis for this work in three parts. At first, it's reminiscent of an extra-large version of an industrially manufactured screw device from the hardware store. The middle clay element, owes its basic form to a layered, slightly staggered cross-shaped structure. Between each section, small diamond-shaped tiles of clay establish the distance to the next layer. The resulting grid is anything but perfect; it seems to

The Mystery of the Object

Susanne Meyer-Büser

consist of many small individual parts, each with its own life. Only the artist's skill and careful approach have brought everything together in this way. On the upper and lower levels, the spinning motion suggested by the clay propeller is carried on in the layered wooden discs. For these, as in all her works, Salihu exclusively uses industrially manufactured panels that have nothing natural about them at all. The organic honeycomb structure in the clay, which is far more difficult to work with, generates both tension and harmony through its juxtaposition with the industrial wood.

Probing the material's boundaries and possibilities is only one of the challenges that Leunora Salihu seeks in creating a sculpture; it's often a matter of overcoming gravity, as well. In the first of three rooms is the work *Schwester* (Sister, 2012/13), a hollow, scaffold-like form sliced into two parts. Each of the halves is placed on a pedestal that has also been cut and that echoes and transforms the ribbed structure of the object above it. The two long hollow forms are reminiscent of an oversized cocoon that's burst open, whose former inhabitant, perhaps the larva of an insect, has vanished. Creating the hollow form was, of course, a complicated affair. First, the clay, shaped into a vessel, had to reach a particular stage in the drying process for Salihu to cut out the ribs, and then it was a matter of inserting material to support the in-between spaces and the hollow body itself, such that the distances and the volume were retained. Because the clay dried faster along the thinner ribs than in the more massive connecting zones, the ribs were covered in foil to slow down the drying process in these areas. If the sections had dried at different rates, the tension in the material would have made the object crack into pieces. During the drying phase, which took weeks, the state of the clay had to be checked and corrected daily. With other ceramic objects, for instance *Bogen* (Arc, 2016), the artist even built a construction for underneath that held the object in a diagonal position until it was thoroughly dry in order for the water in the material to remain evenly distributed.

When Salihu is working on an artistic or material problem, she proceeds through as many variations as it takes to find a solution and to retain complete control over the material's properties. Already with *Gregor* (2010/11), a reference to Gregor Samsa's metamorphosis in the story of the same name by Franz Kafka, Salihu chose the form of the insect shell, thus turning a hollow shape into a sculpture. The hardening of the outer, form-giving material is addressed more directly in this earlier work. The object's weight and size correspond to human body measurements and allow the organic-looking scaffold construction to become palpable as a protective, but also repellant shell.

Leunora Salihu sees her sculptural works as an investigation of architecture, which to her mind includes not only built space and construction elements, but also the exciting, energy-filled mixture of convex and concave forms. She addresses the emotional charge of interior and exterior spaces, their surfaces and physical presence. "I'm interested in the existential aspect of dwelling as a personal protective space, as an exterior shell and inner space for experience. One can always find several levels in my sculptures connected to nature and architecture. I'm concerned, for instance, with the relationship between the inner supporting element, the scaffold or skeleton, and the exterior form, the shell as a skin or an insect-like armor."

States of Suspension

The first room in the exhibition shows, along with *Propeller*, a series of small and mid-sized works made of clay and wood. Because the properties of these two materials are very different, it's Salihu's sensibility that allows these to enter into a symbiosis in her objects. The artist enjoys solving problems concerning material, as they provide the driving force for new, more complex projects. A work that also consists of clay and wood is the column-like piece *Welle* (Wave, 2017). Five ribbed ceramic elements reminiscent of the bow of a ship are stacked one on top of the other. The individual elements are separated by wooden panels. On the one hand, the tension residing in this object is the result of the juxtaposition of organic and inorganic forms, and on the other of the simultaneity of stasis and motion. This combination of carefully balanced opposites is an essential component of Salihu's work. In spite of all the technical perfection in the way the pieces are fitted together, in the end it's the clay that retains the upper hand in formal invention in the ceramic works. The clay, at first moist and later dry, leads its own life, and its final form can be influenced at best, but never fully controlled. Accordingly, the ceramic elements only look the same at first glance; when one takes a closer look, each part is different and has its own physiognomic idiosyncrasies. This "animated" quality of the material is what the artist values and repeatedly calls to life.

The individuality of each work is in large part driven by the choice of the respective glaze applied, whether it's transparent or colored, total or partial. This "skin" can be crusty, finely pored, matte, glossy, or even iridescent, and is a haptic seduction. Salihu places great value on finding the right surface for each work, on achieving a precise effect. In her studio, she has archived countless sample pieces with glazes that she made herself over the past years for her studies and that she now uses as reference material. For each small piece, she carefully recorded the chemical composition of the glaze, consisting of minerals, pigments, and metal oxides, and their precise quantities. Perseverance and stamina in the production process carry throughout the artist's work like a red thread.

The works *Boot* (Boat, 2015), *Treppe* (Stairs, 2015), and *Trichter* (Funnel, 2007) in the second room of the exhibition possess a very different sensual quality. These works of compressed wood feel very light, and are indeed very lightweight, despite their size. Following the first room filled with earthy sculptures evoking volume and heaviness, this room is bright and clear. The boat hangs from the ceiling and playfully invites the viewer to climb up a rope ladder to enter it. The spiral staircase leads upward, and secretly one wonders if the steps might actually be able to bear one's weight. The idea of floating into another world with these poetic constructions is very tempting. Cloud ships and ladders to heaven have always been biblical symbols and tools used to flee an unbearable worldly situation. On the other hand, the *Trichter*, the direction of whose movement points downwards, brings the viewer back from his or her flights of fantasy and drives home the ruthlessness of history's downward spiral.

The somnambulant, surreal atmosphere of the second room, however, results only in part from the works' symbolism; it also has to do with the way the three sculptures are placed in relation to one another and to the surrounding space, which is precise down to the last millimeter. "The in-between is something fascinating and difficult to comprehend, and yet it's also a very concrete feeling: to be between two worlds, to exist in the interstice, sit between chairs, what's between me and another person…" What makes Leunora Salihu's exhibitions stand out most is the compelling dialogue between the works and the museum architecture. The simple empty space between the objects and the surrounding walls can turn into a stimulating tête-à-tête, because the space itself makes an appearance as a sculptural element.

Adjusted precisely to the architecture of the Ständehaus and produced especially for the exhibition, the large-scale sculpture *Urknall* (Big Bang, 2017), five meters long and over two meters high, makes an indelible mark in the last of the three rooms. This huge thing feels familiar: at first it reminds one of a huge axis with two wheel-like elements, one of them covered in veneered wood, the other a naked wooden scaffold. Both elements are connected by a kind of tube the mid-point of which consists of a ceramic lump. The entire ensemble could be a model for a space station with two cabins and a connecting gangway that is interrupted in the middle. But is it really a space station depicted here? Or is the viewer's perception, because it's always concerned with finding meaning in an art object, victim of a refined deception? Leunora Salihu's intentions go beyond this; she asserts that in making her sculptures she is always in search of an artistic language that transcends time, and that she always subjects her choice of form and material to this intention. While her forms are reminiscent of details from everyday life, the shifts in proportion, choice of material, and serial treatment of individual elements defamiliarize the object, which takes on an unsettling life of its own.

This mysteriousness in the forms goes hand in hand with a clear disclosure of the manner in which they're built. In *Urknall*, as in other works, the "scaffolding" of the sculpture remains visible; it's not merely an absolutely necessary construction element, but allows surface and transparency, interior and exterior views to be addressed simultaneously in a single figure. The scaffolding is based on serially produced individual elements the artist makes by hand and only puts together at the exhibition site. The screws that hold the pieces together are visible. As a sculptor, Leunora Salihu has made this modular push-fit system her own; she uses it to create objects that go far beyond what her studio can accommodate.

Despite its size, *Urknall* seems incredibly light and dynamic. The rhythmic way the scaffold is built allows the artist to visually transform the stasis of the construction into a turning motion. To this purpose, she arranges long wooden boards around a hole like the spokes of a wheel and extends these to create a huge gym wheel-like component. The wood, which is rigid, is composed in such a way that it appears mobile and oddly alive.

There was a precursor to the large-scale sculpture *Urknall*. Already in 2011, Salihu explored the theme of dwelling in her work *Urraum* (Primeval Space), addressing the space as a potentially endless principle of continuous modules. The *Urraum*, which the artist regards as the germ cell of many of her ideas that came later, is conceived in such a way that it represents a part of a larger whole. If one were to connect many *Urraum* units together, the result, due to the slight curvature, would eventually be a closed circle. *Urknall* was also conceived as a serial module, whereby the interlocking of additional identical sculptures would yield a chain that would extend endlessly into space. A visionary, utopian idea with which the artist opens the third room of the exhibition up to the limitless. The only disturbing part is the ceramic lump between the two space modules. It sparkles and glistens like a star from another world: a precious boulder. Is it holding the two modules together, or are the two modules trapping the lump? It remains a mystery.

RAUM
3

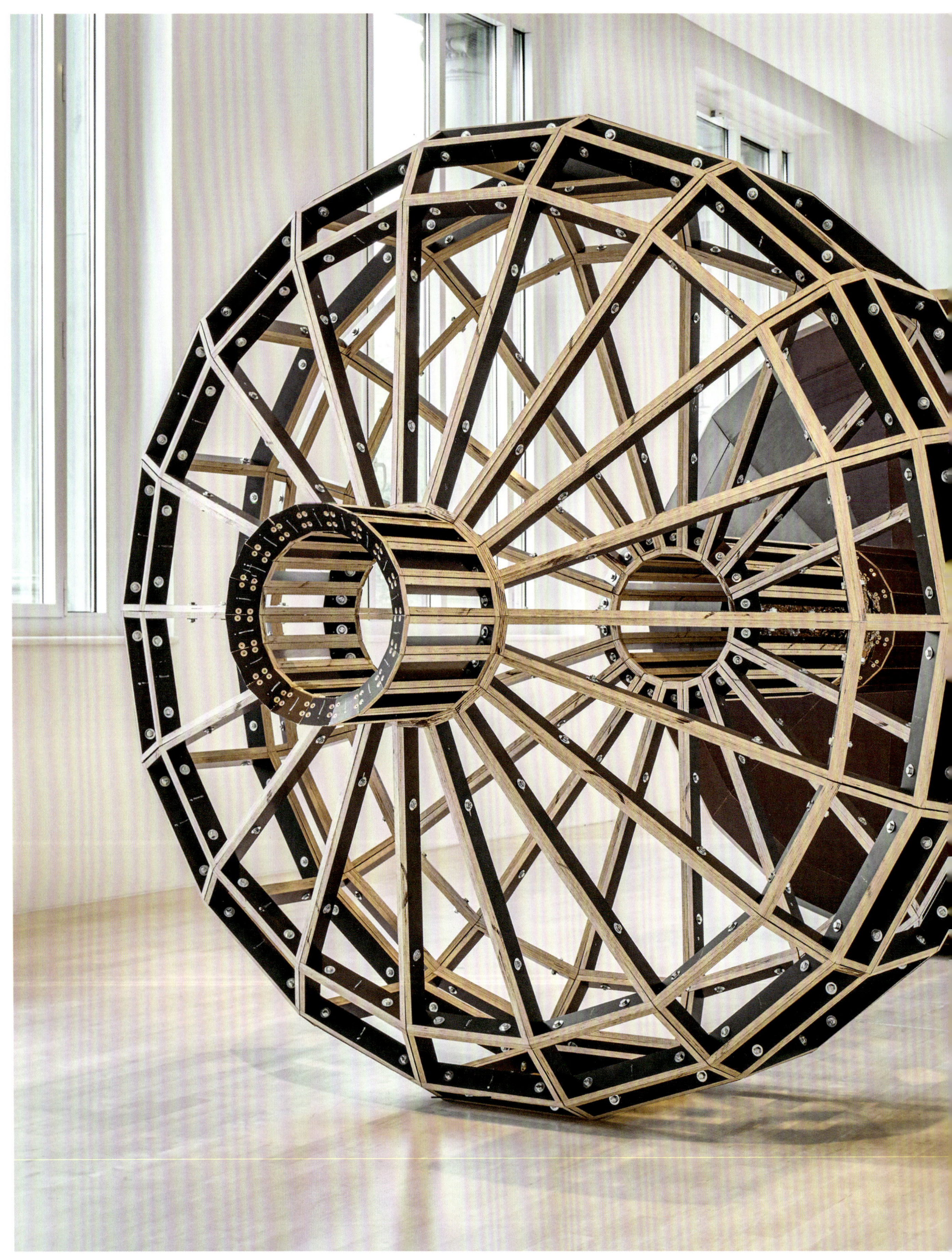

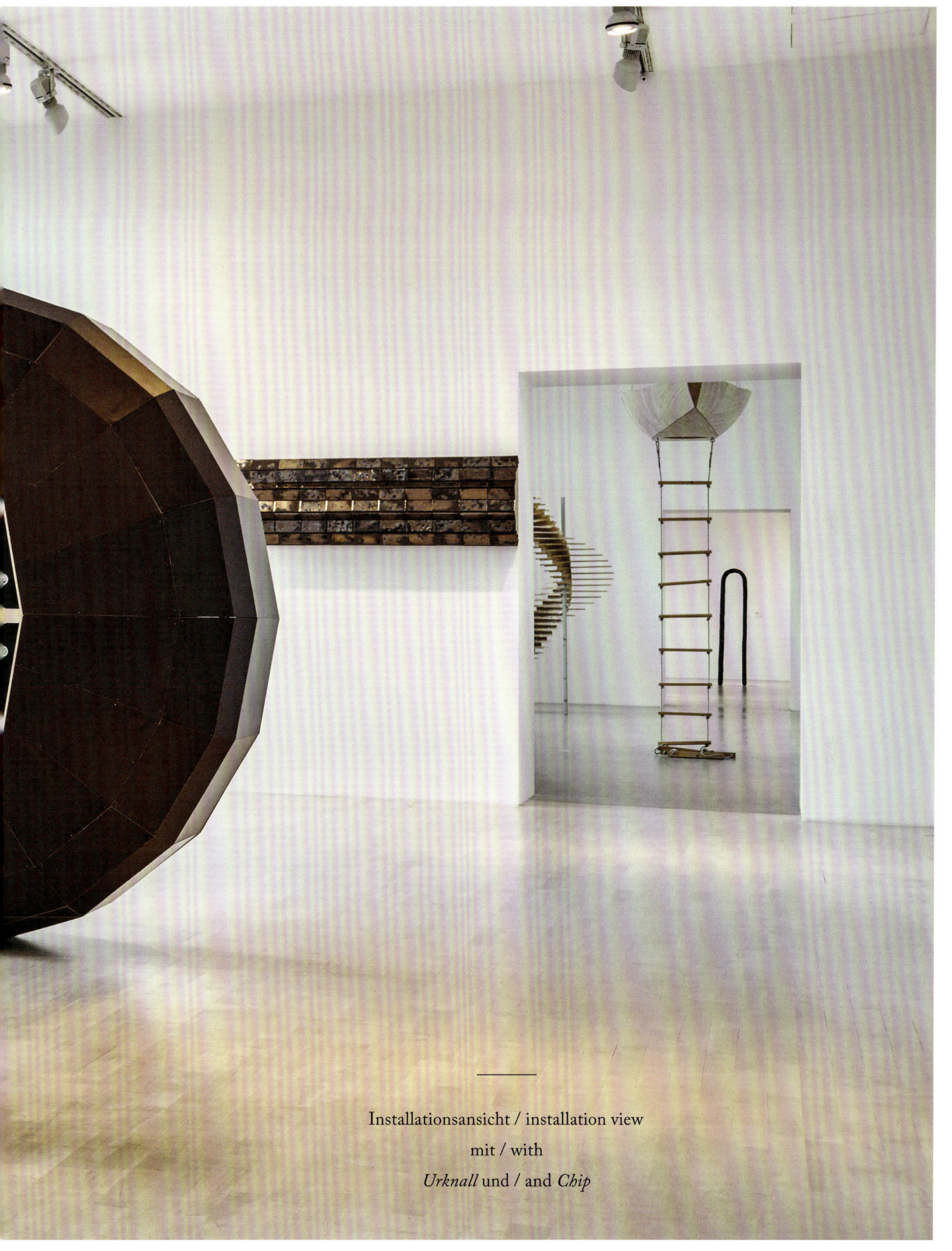

Installationsansicht / installation view
mit / with
Urknall und / and *Chip*

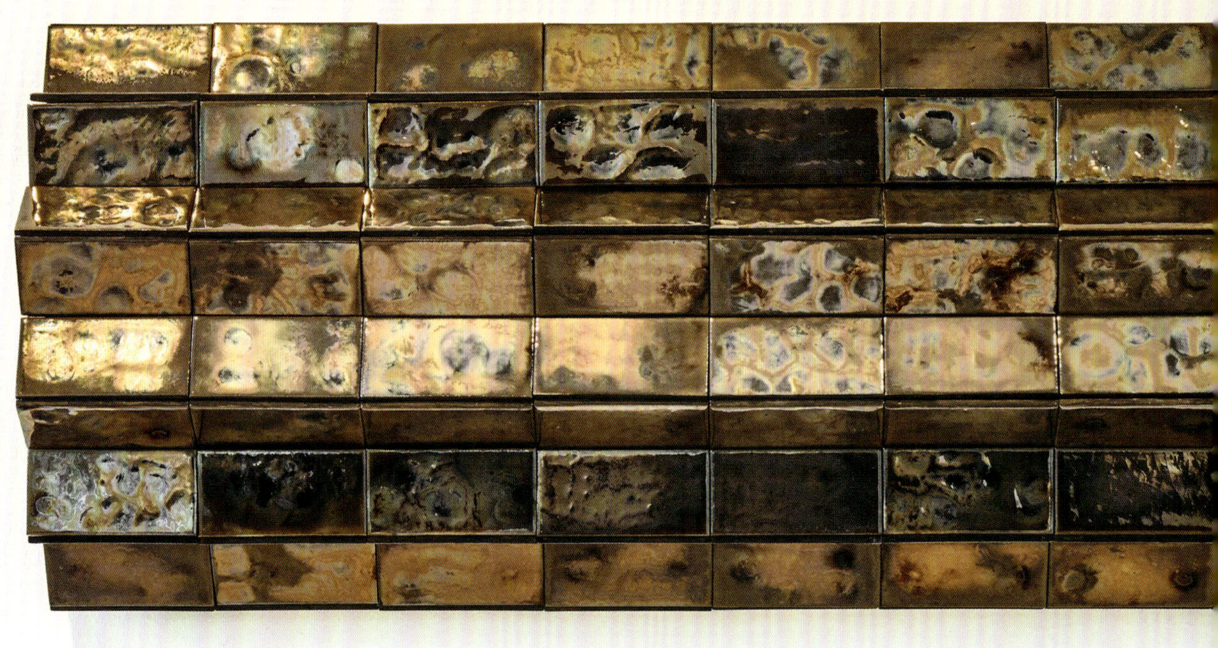

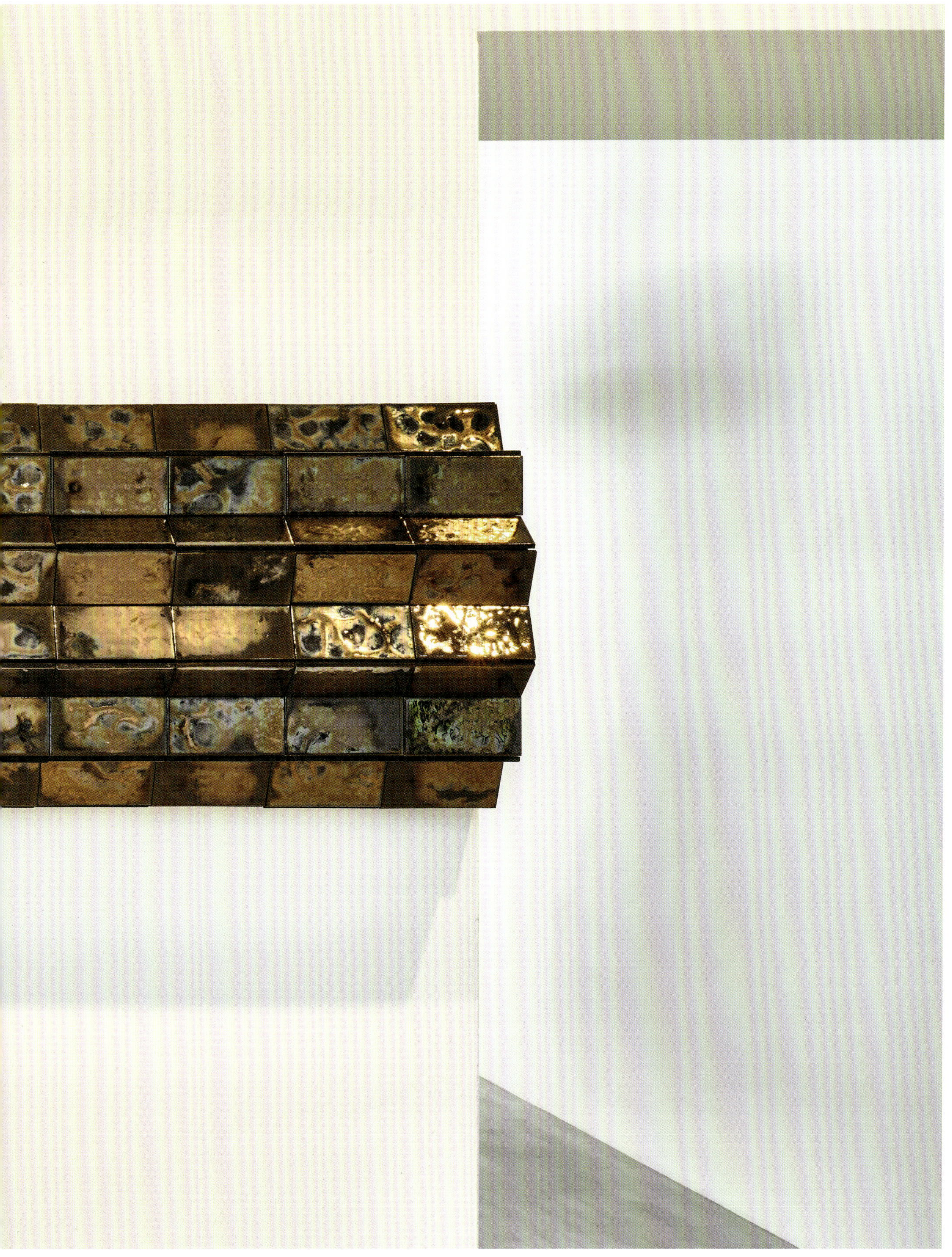

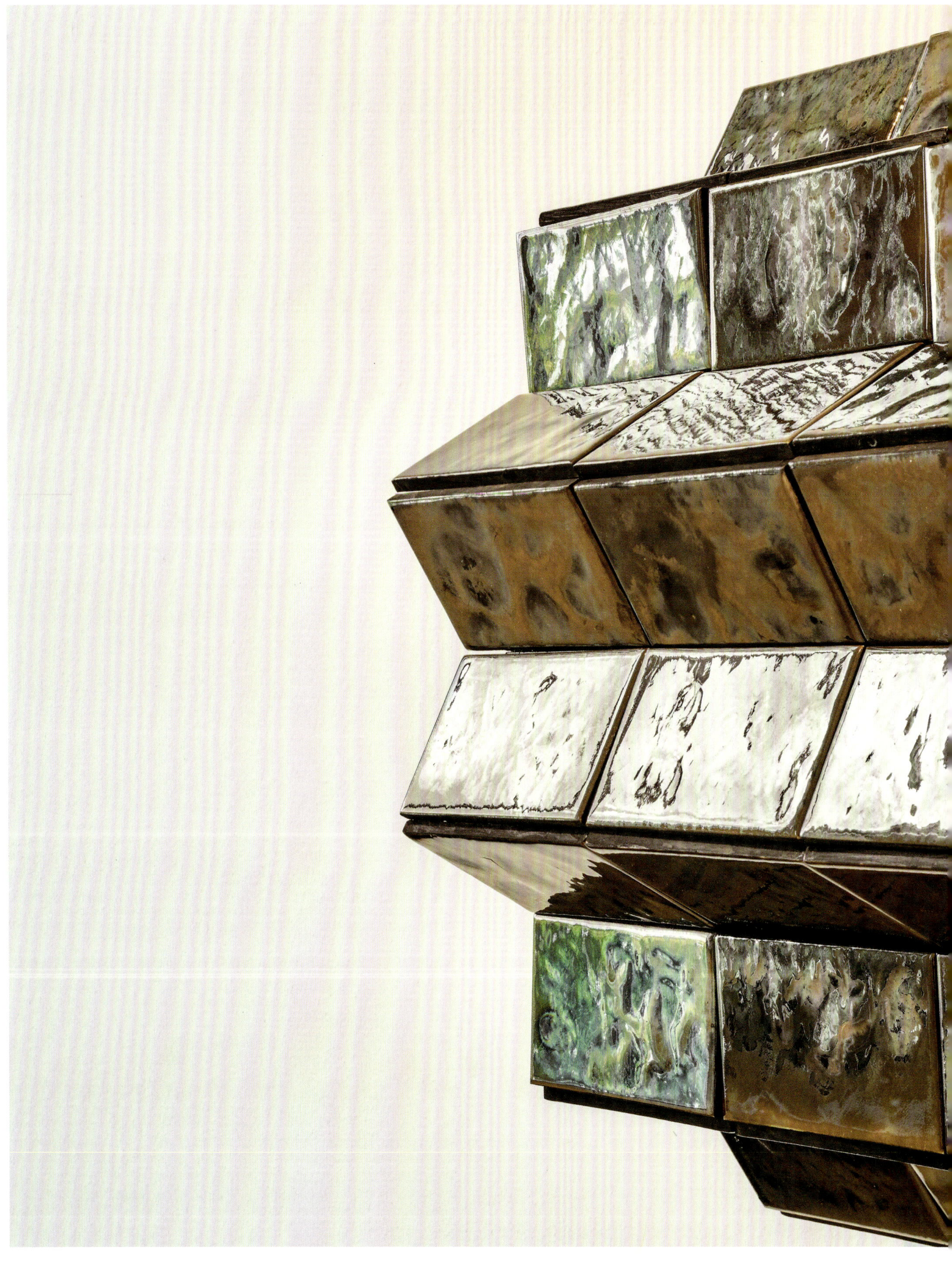

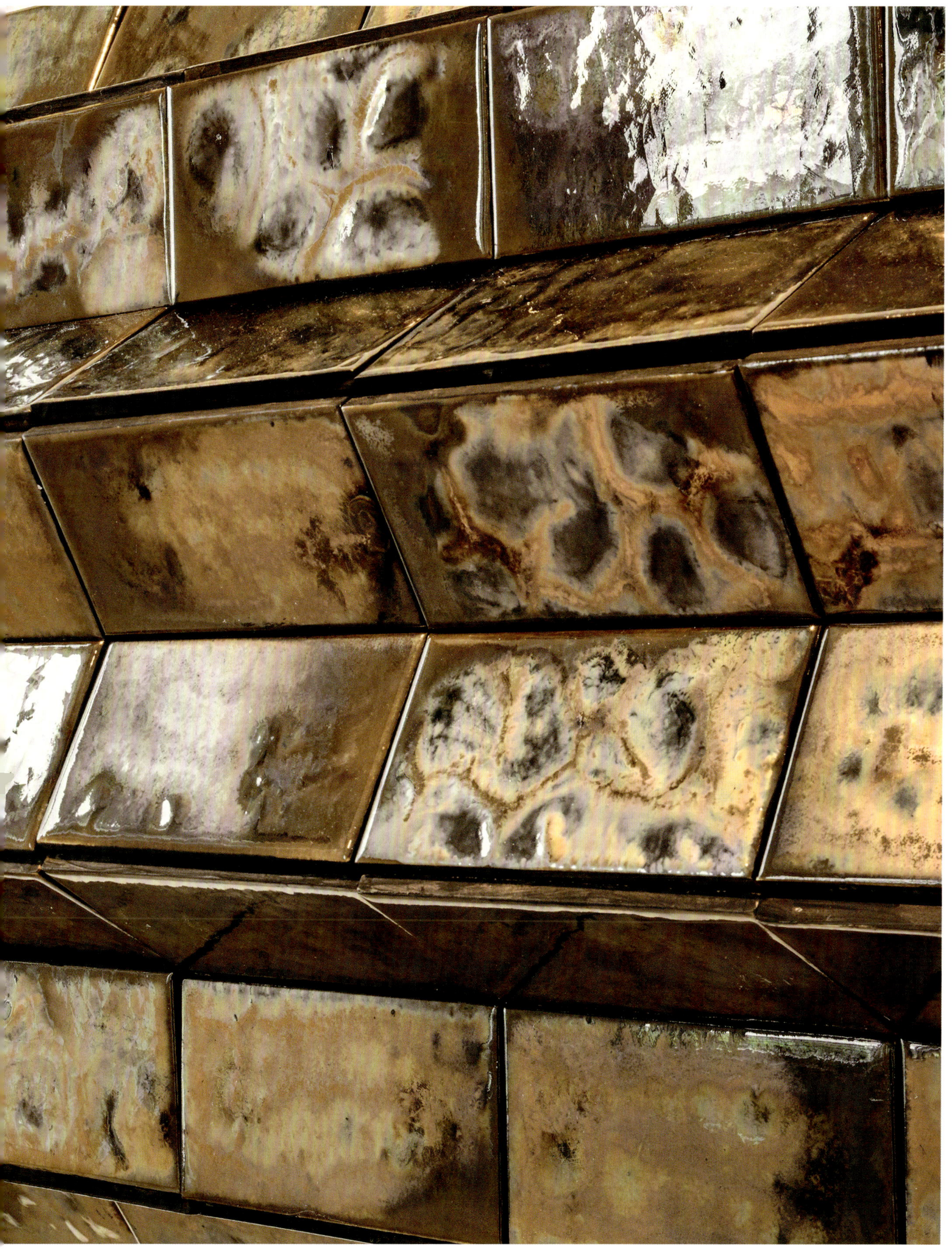

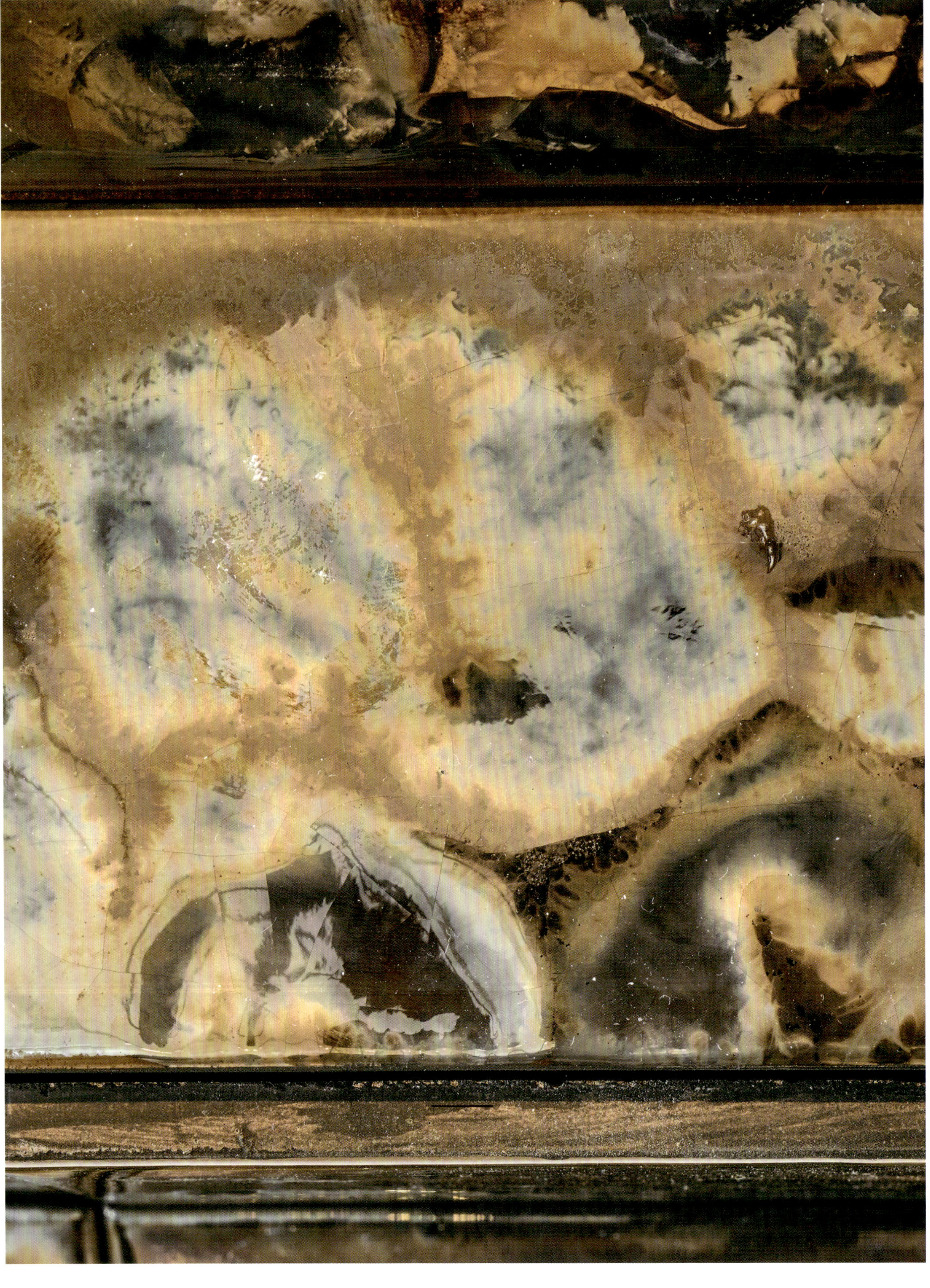

Chip

2017
Keramik, Glasur, Multiplexplatte, Magnete /
ceramic, glaze, multiplex board, magnets
52 × 180 × 26 cm

Treppe

2017
Keramik, Glasur, Terra Sigillata /
ceramic, glaze, terra sigillata
30 × 16 × 40 cm

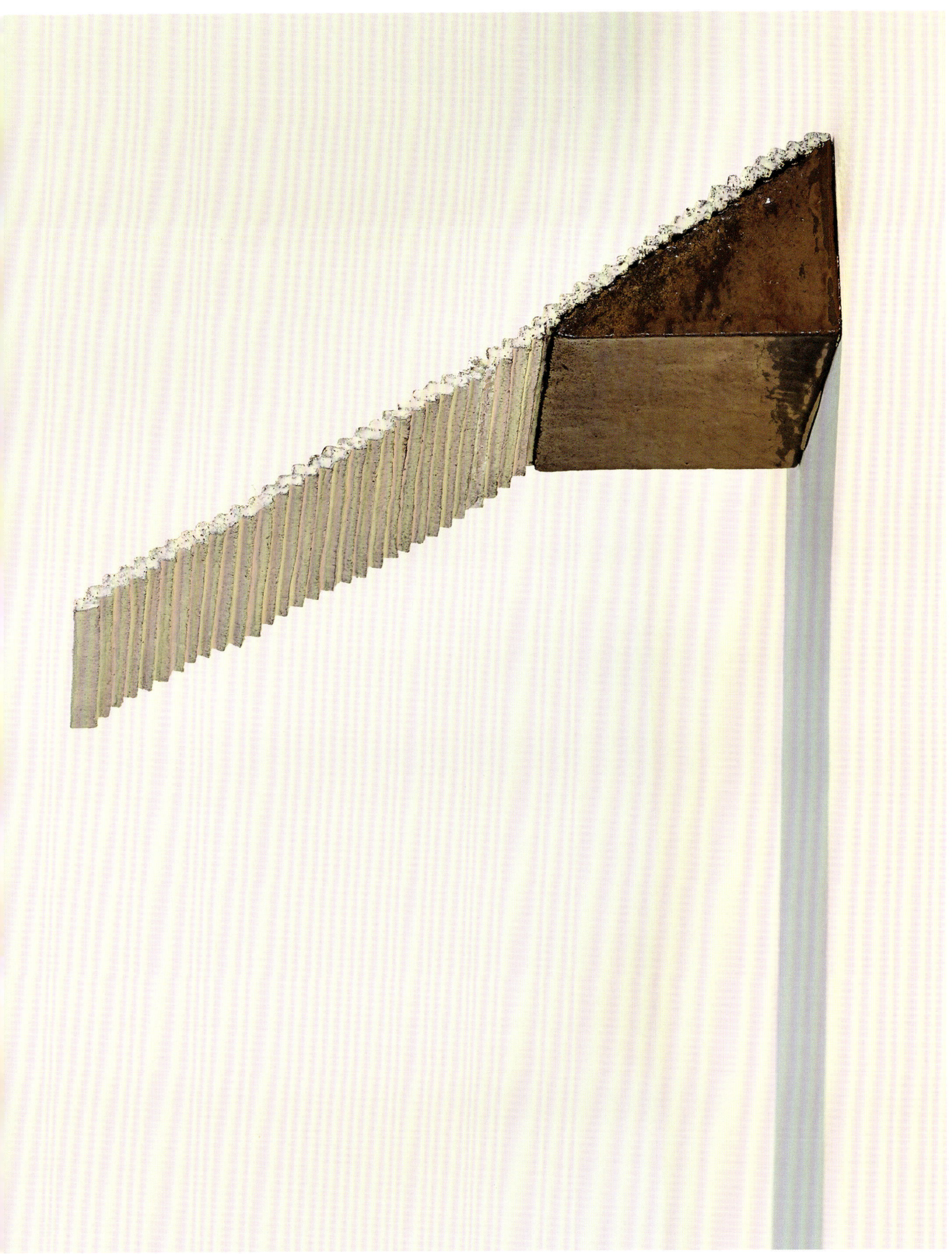

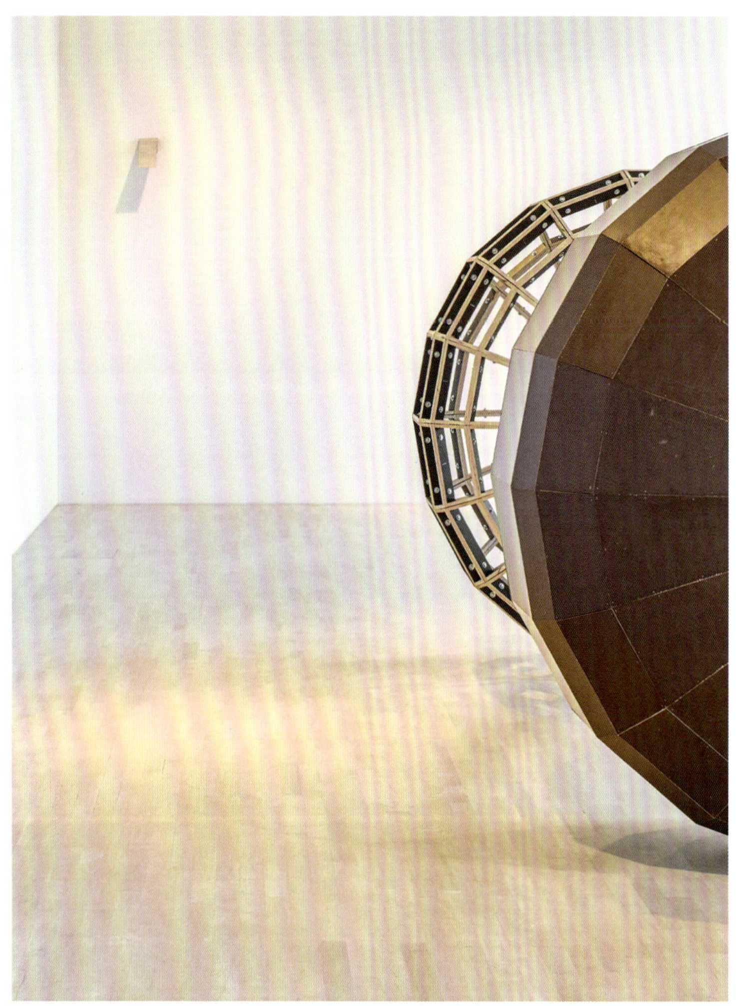

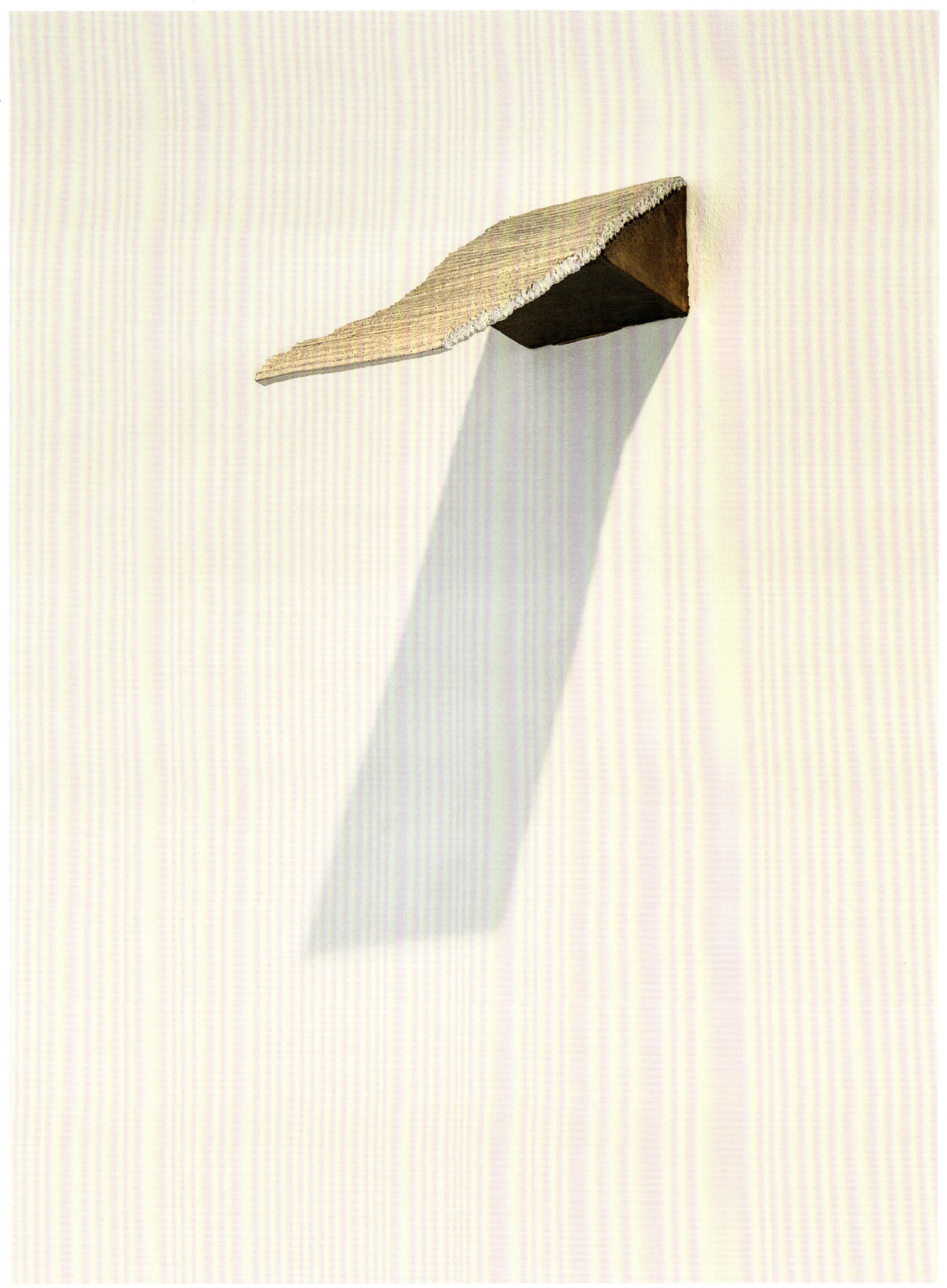

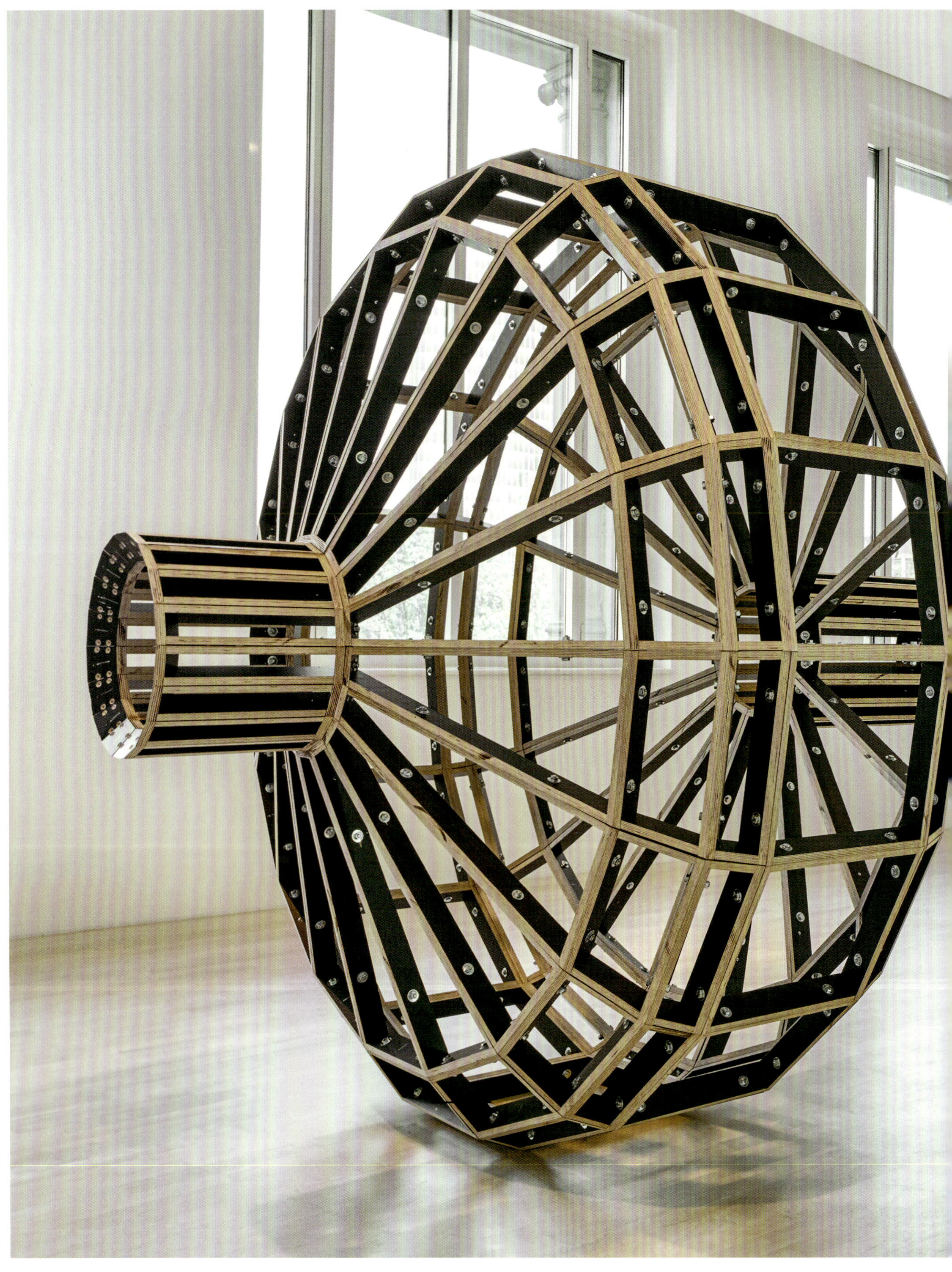

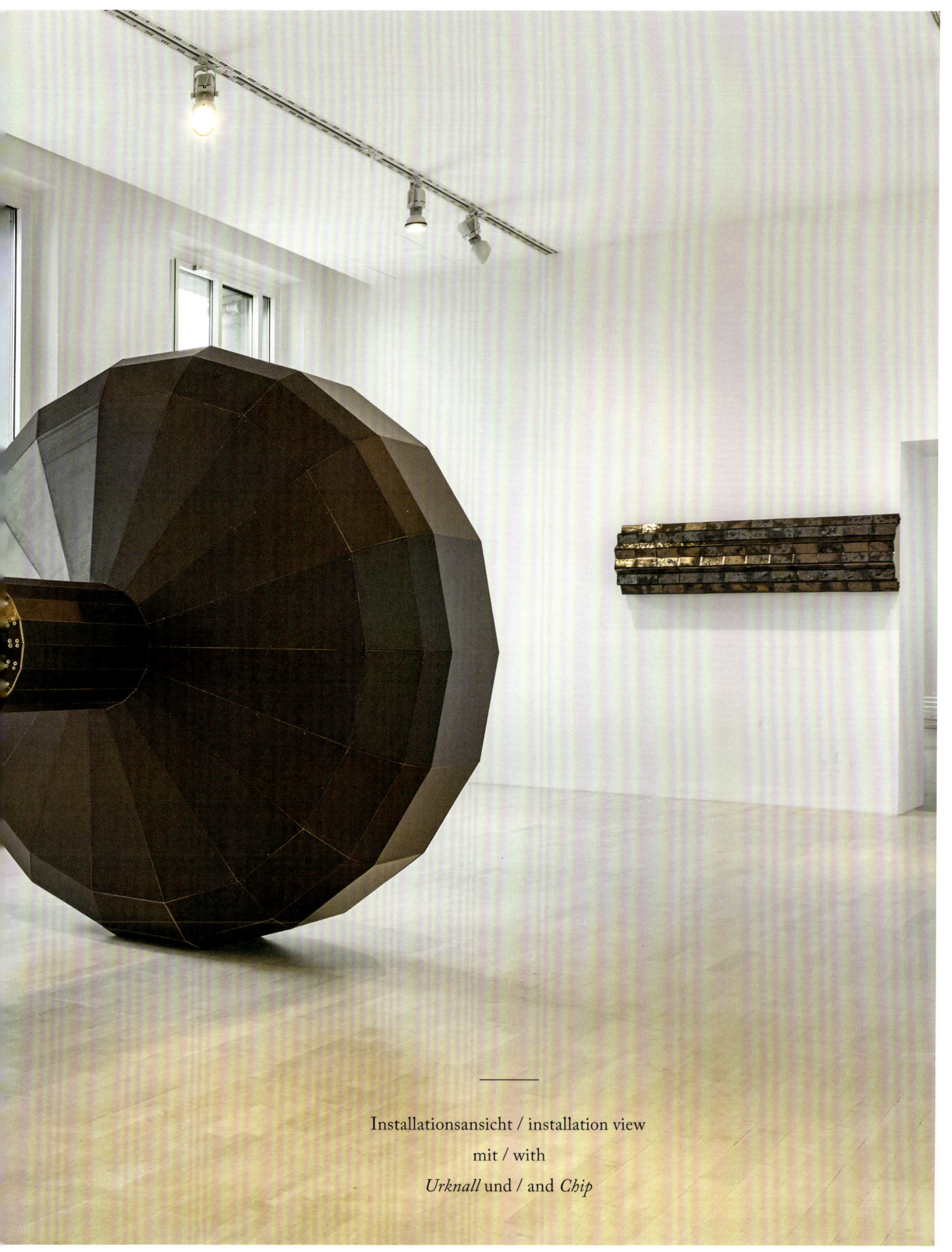

Installationsansicht / installation view
mit / with
Urknall und / and *Chip*

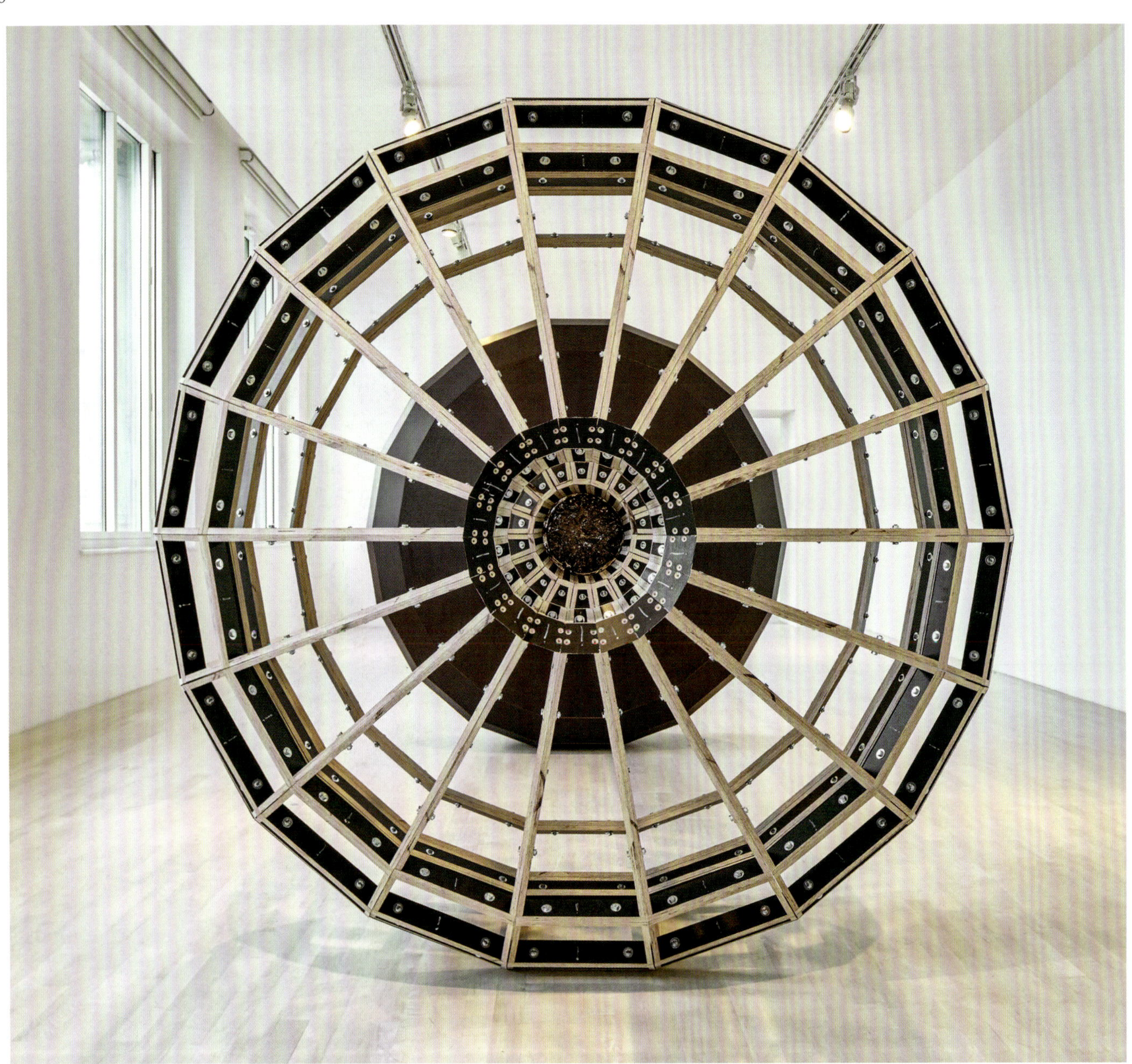

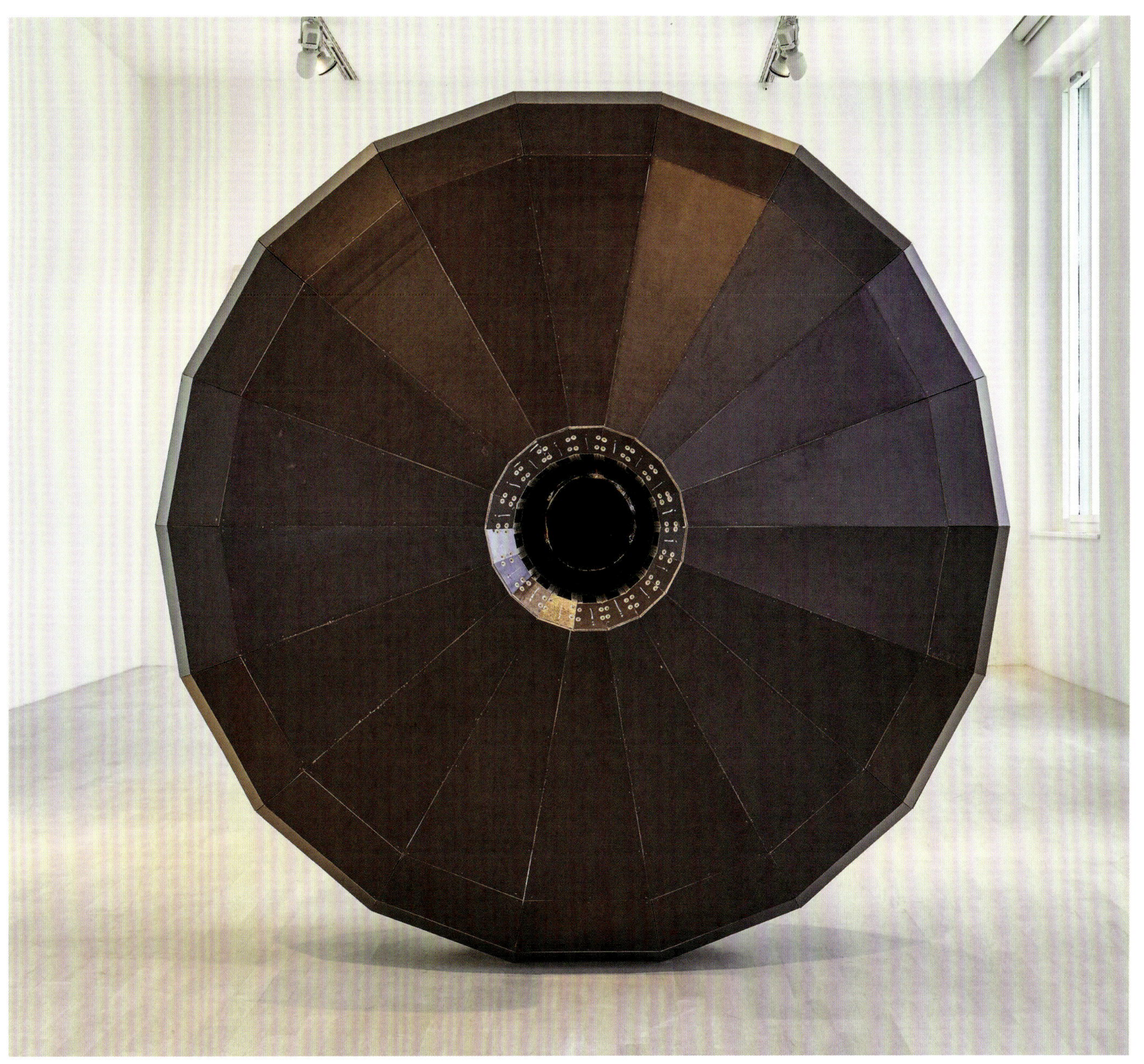

Urknall

2017
Multiplexplatte, Keramik, Glasur /
multiplex board, ceramic, glaze
220 × 220 × 480 cm

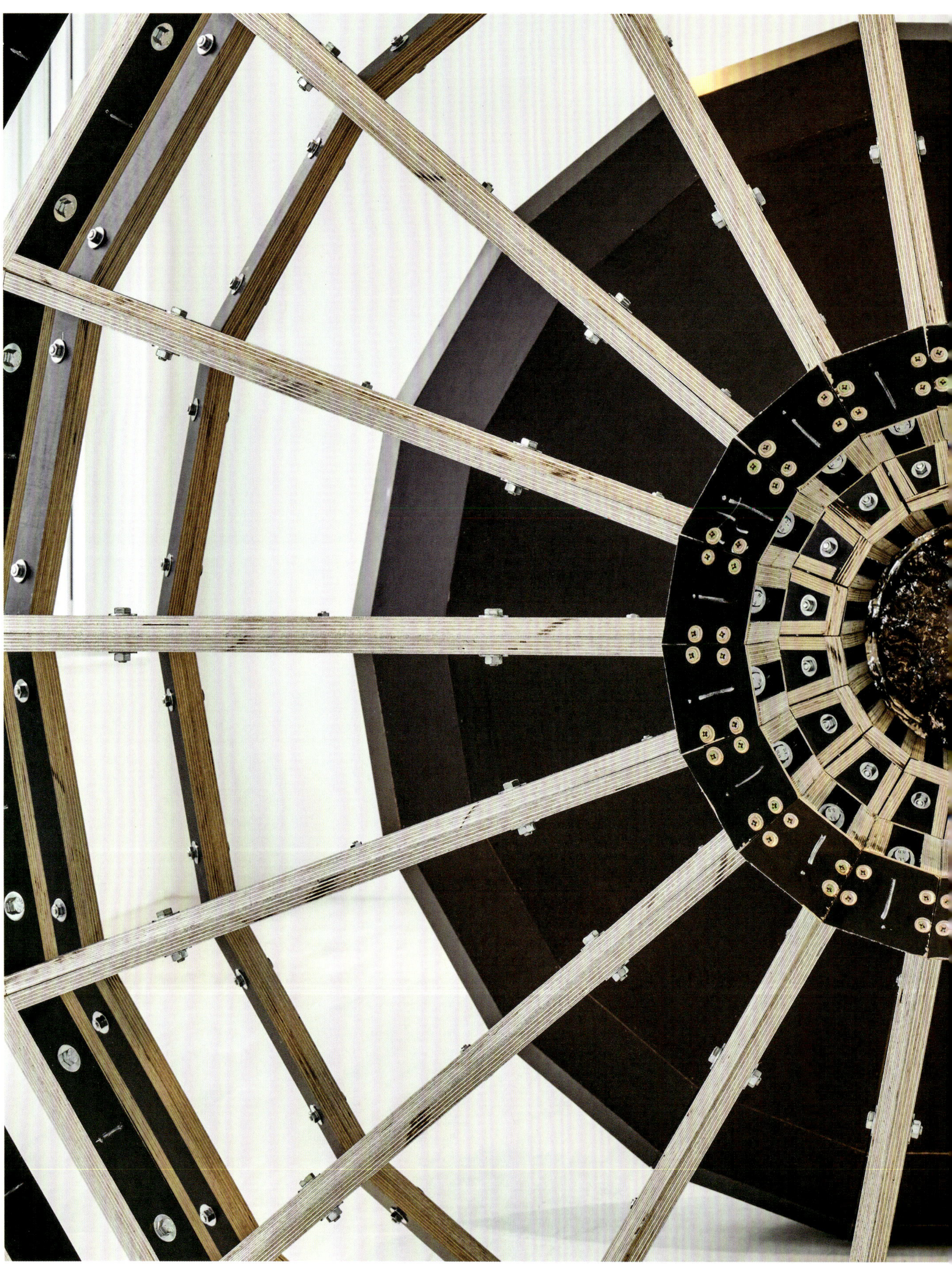

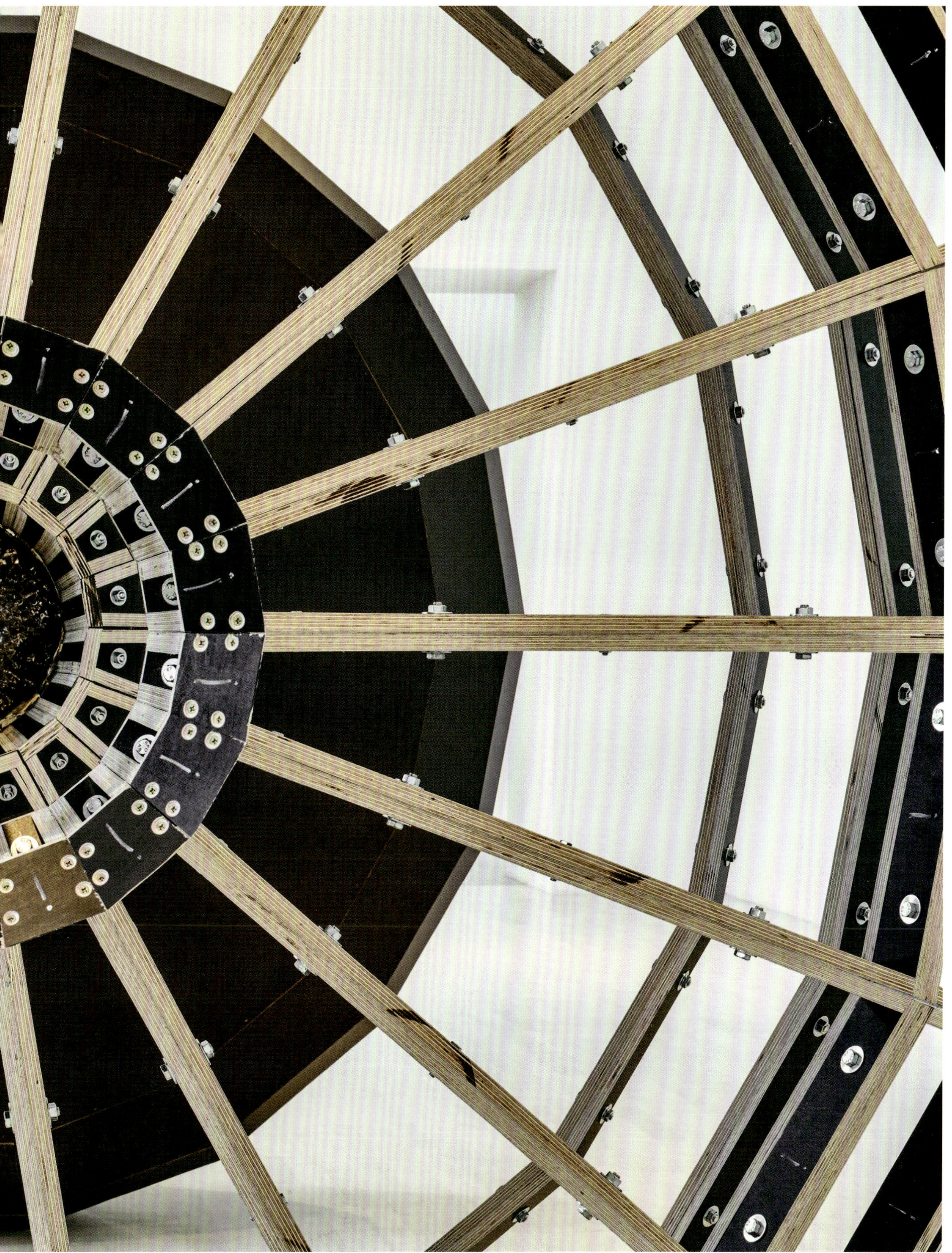

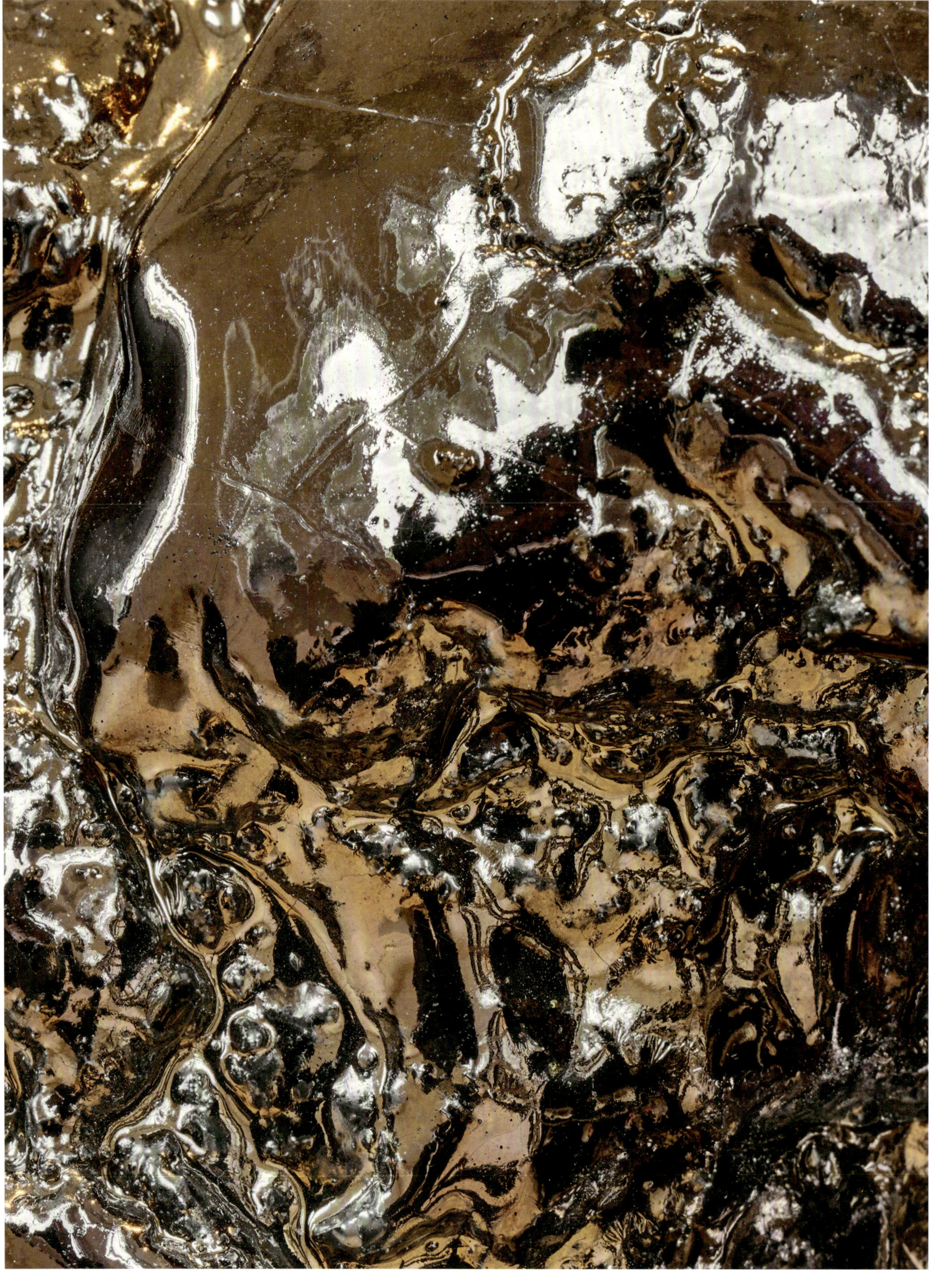

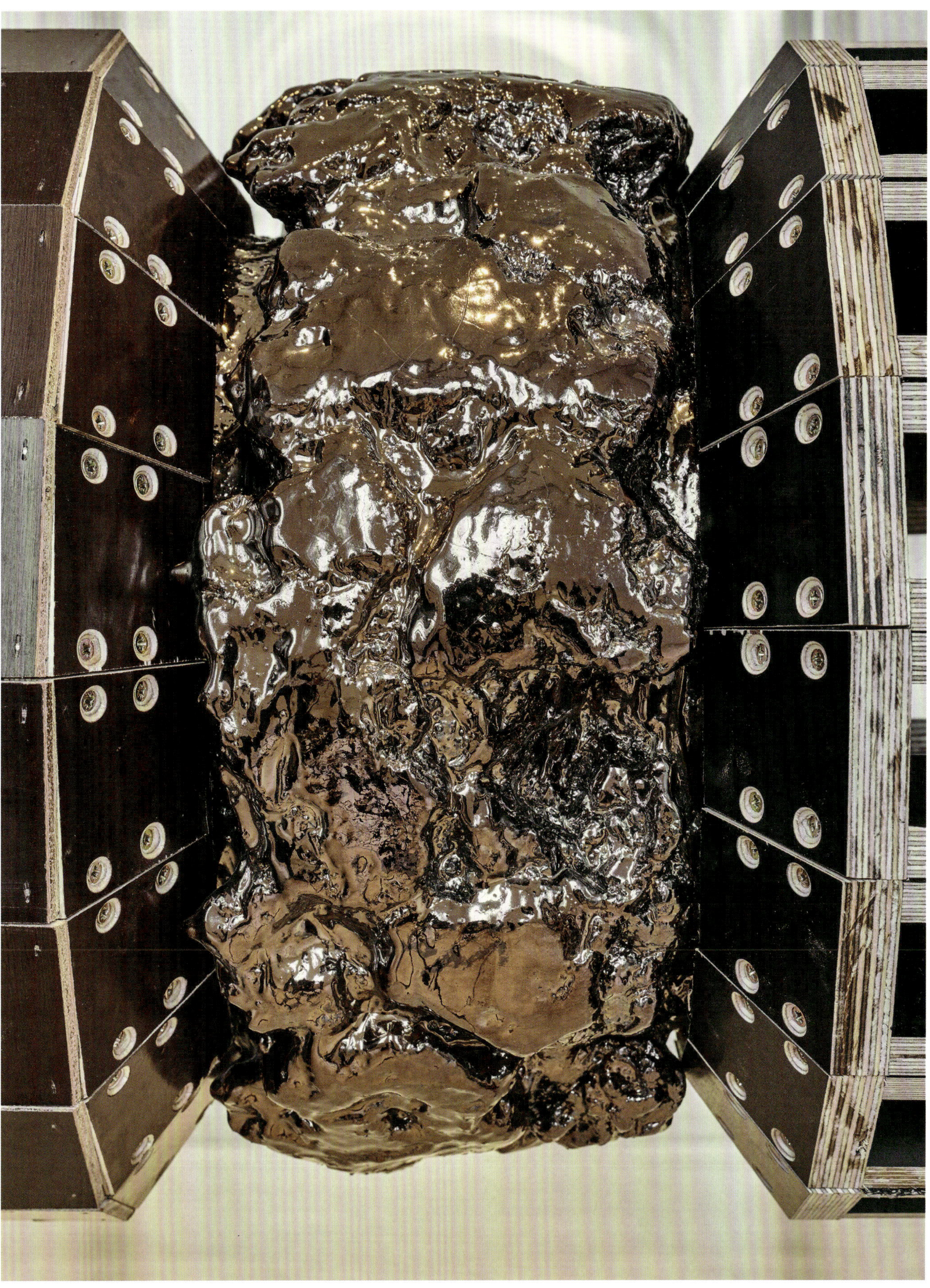

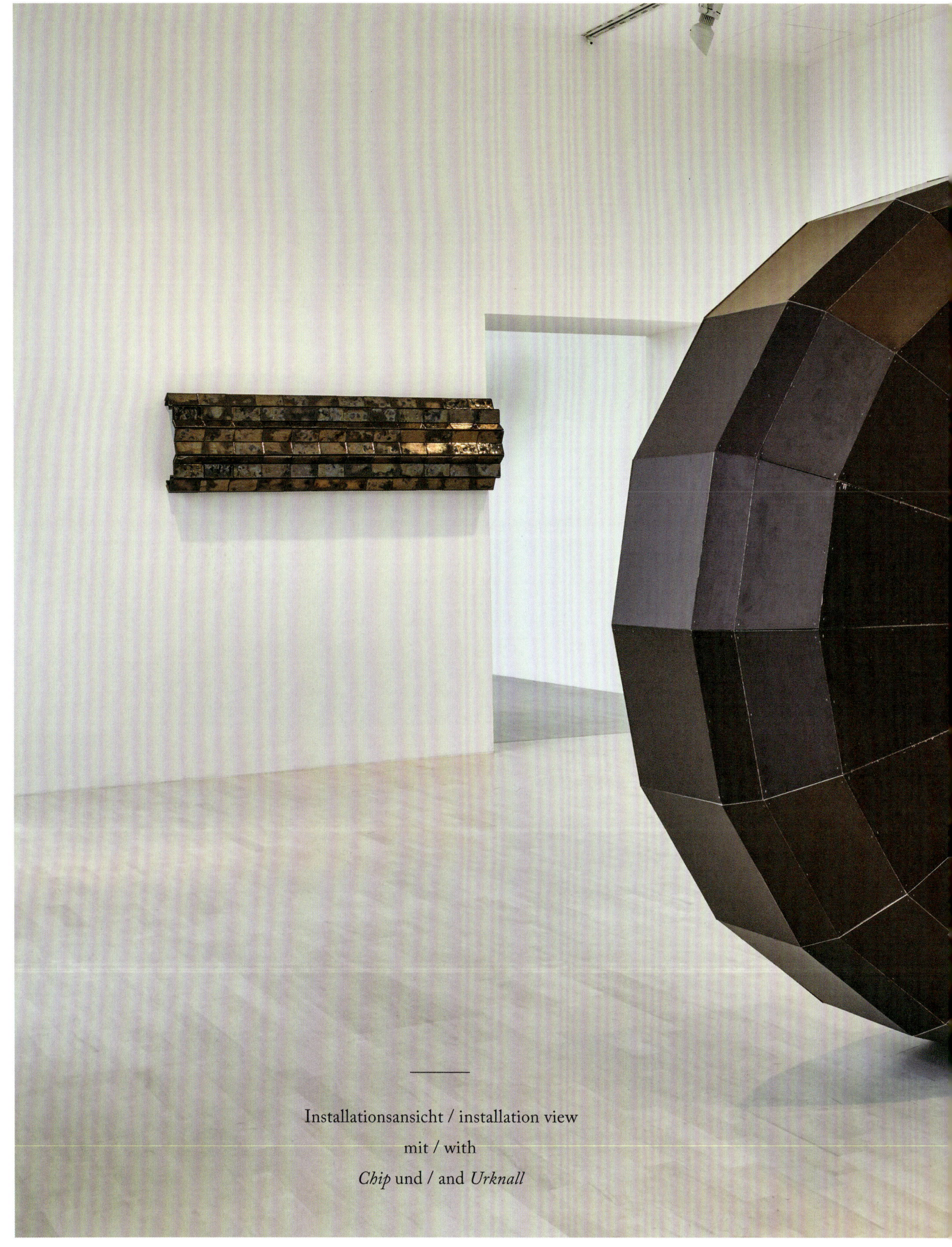

Installationsansicht / installation view
mit / with
Chip und / and *Urknall*

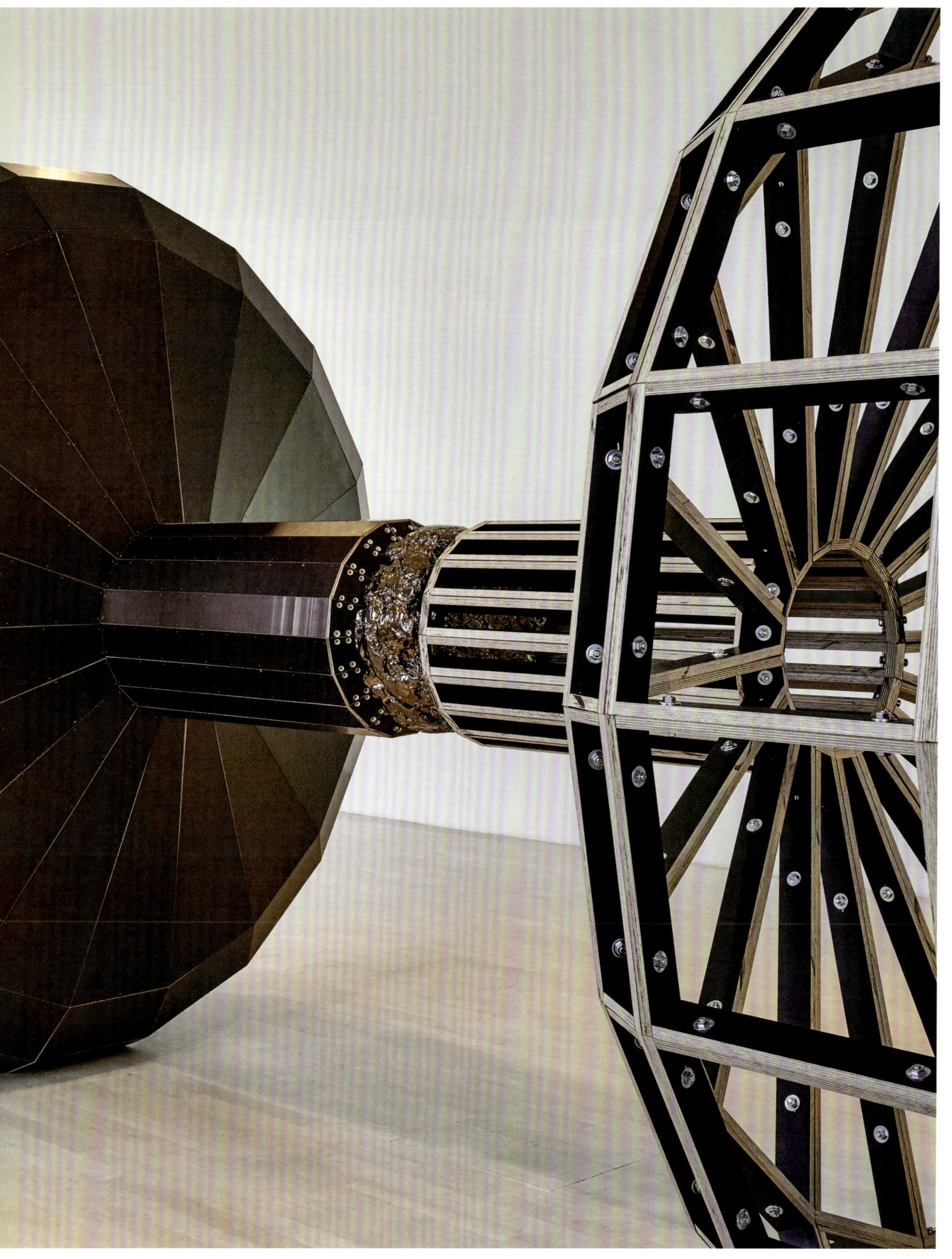

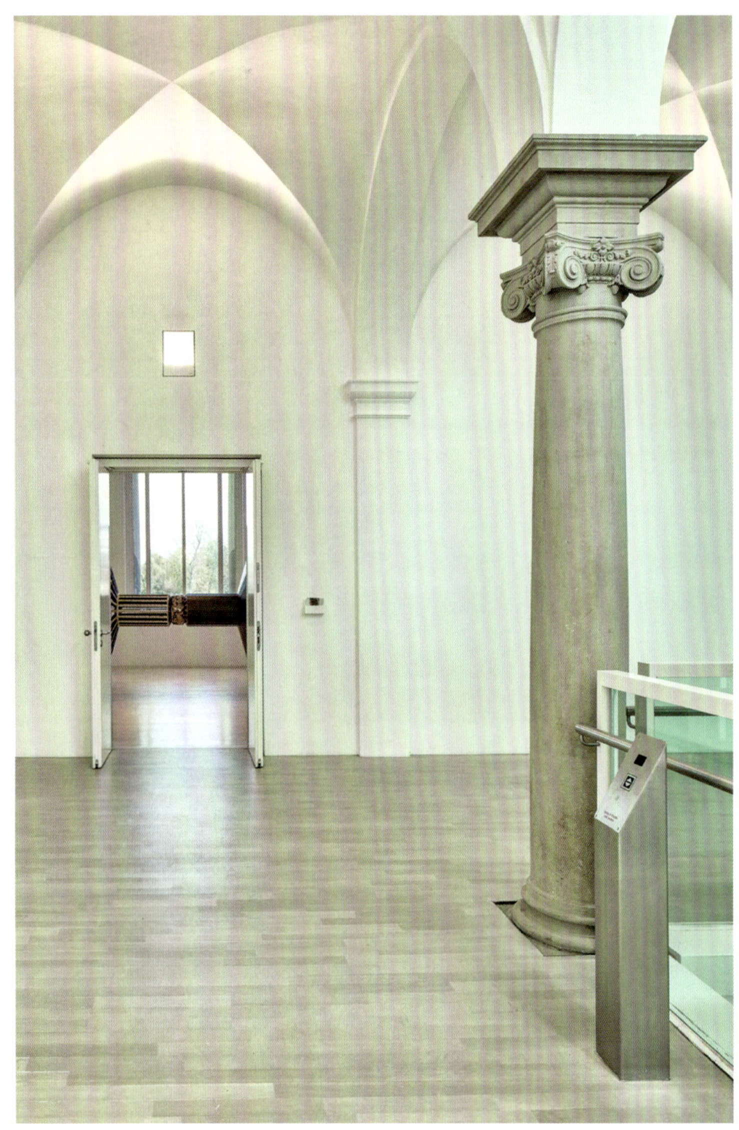

1977 geboren in Pristina, Kosovo,
lebt und arbeitet in Düsseldorf

AUSBILDUNG

1997-1999 Studium der Freien Grafik,
Akademie der Bildenden Künste Prishtina,
Flucht nach Deutschland
1999-2002 Studium deutsche Sprache & Kunstgeschichte, Christian-Albrechts-Universität, Kiel
2002-2006 Muthesius Kunsthochschule, Kiel
2006-2009 Kunstakademie Düsseldorf
2009 Meisterschülerin bei Prof. Tony Cragg,
Akademiebrief

PREISE UND STIPENDIEN

2009 Arbeitsstipendium der Kunststiftung NRW
2009-2011 Wilhelm-Lehmbruck-Stipendium,
Duisburg
2010 Projektförderung der Kunststiftung NRW
(Skulptur im öffentlichen Raum, Essen)
2010 Arbeitsaufenthalt im ekwc (European
Ceramics Work Centre), Niederlande
2012 Internationaler Bergischer Kunstpreis
2012 Förderpreis für bildende Kunst der
Landeshauptstadt Düsseldorf
2014 Bronner Residency, Tel Aviv, Israel,
und Stipendium der Kunststiftung NRW
2014 Künstlerstipendium der Metro-Stiftung
Skulpturenpark, Düsseldorf
2015 Auslandsstipendium des Landes NRW
2017 Arbeitsstipendium Stiftung Kunstfonds Bonn
2017 Lothar-Fischer-Preis

ARBEITEN IN ÖFFENTLICHEN SAMMLUNGEN

Kunstsammlung Nordrhein-Westfalen, Düsseldorf
Michael Horbach Stiftung, Köln
Museum Kunstpalast, Düsseldorf
NATIONAL-BANK Sammlung
Sammlung Philara, Düsseldorf

1977 born in Prishtina, Kosovo,
lives and works in Düsseldorf

EDUCATION

1997-9 Academy of Arts, Prishtina, Kosovo,
(graphic arts), flight to Germany
1999–2002 German language and art history,
Christian-Albrechts-Universität, Kiel
2002-6 Muthesius Kunsthochschule, Kiel
2006-9 Kunstakademie Düsseldorf
2009 Master student of Tony Cragg

GRANTS AND AWARDS

2009 working scholarship of the Kunststiftung NRW
2009-11 Wilhelm-Lehmbruck-Stipendium, Duisburg
2010 project funding of the Kunststiftung NRW
2010 working scholarship at the ekwc (European
Ceramics Work Centre), The Netherlands
2012 Internationaler Bergischer Kunstpreis
2012 Förderpreis für bildende Kunst der
Landeshauptstadt Düsseldorf
2014 Bronner Residency, Tel Aviv, Israel, jointly
with a scholarship of the Kunststiftung NRW
2014 scholarship of the Metro-Stiftung
Skulpturenpark, Düsseldorf
2015 international scholarship of the state of NRW
2017 working scholarship Stiftung Kunstfonds Bonn
2017 Lothar-Fischer-Preis

WORKS IN PUBLIC COLLECTIONS

Kunstsammlung Nordrhein-Westfalen, Düsseldorf
Michael Horbach Stiftung, Cologne
Museum Kunstpalast, Düsseldorf
NATIONAL-BANK Sammlung
Sammlung Philara, Düsseldorf

Biografie / Biography

Leunora Salihu

AUSWAHL EINZELAUSSTELLUNGEN
SELECTED SOLO EXHIBITIONS

2017 *Gravity on a Journey*, K21 Ständehaus, Düsseldorf, (c)
In Search of the Present, The Kosova National Art Gallery, Prishtina, (c)
2016 *Eternity Suddenly Happens*, Galerie Thomas Schulte, Berlin, (c)
2015 Sammlung Philara, Düsseldorf
2014 Galerie Thomas Schulte, Berlin
2013 Galerie Heinz Holtmann, Köln/Cologne
2012 Kunstraum Düsseldorf (mit/with Anna Vogel), (c)
66. Internationaler Bergischer Kunstpreis, NATIONAL-BANK Wuppertal (mit/with Jochen Mühlenbrink)
2011/12 *Junction*, Lehmbruck Museum, Duisburg, (c)
2010 *Tube End, junge Kunst am Moltkeplatz*, Essen, (c)
Regenhaut, Künstlerverein Malkasten, Düsseldorf
dipol, Baustelle Schaustelle, Essen (mit/with Flora Hitzing)

AUSWAHL GRUPPENAUSSTELLUNGEN
SELECTED GROUP EXHIBITIONS

2016 *KUMSITZ. Israelische und deutsche Stipendiaten der Bronner Residency*, KIT Kunst im Tunnel, Düsseldorf, Germany, (c)
2015 *Temporary Relocation: The Bronner Residency*, Herzliya Museum of Contemporary Art, Israel, (c)
Do you want something sweet?, City Gallery Piran, Slowenien/Slovenia
Lekker Belangrijk! as long as there's a buzz, TAC Temporary Art Centre, Eindhoven, Niederlande/The Netherlands, (c)
2014/15 *Skulpturen und Objekte von Künstlerinnen aus der Sammlung Moderne*, Museum Kunstpalast Düsseldorf
Sammlungsausstellung, Kunstsammlung Nordrhein-Westfalen, K20 Grabbeplatz, Düsseldorf
2014 *Teach Us To Outgrow Our Madness*, Galerie Thomas Schulte, Berlin
2013 *Die Bildhauer. Kunstakademie Düsseldorf 1945 bis heute*, Kunstsammlung Nordrhein-Westfalen, K20 Grabbeplatz, Düsseldorf, (c)
RAUM + OBJEKT, Teil X: RaumInterventionen, Kunstverein Gelsenkirchen
Grosse Kunstausstellung NRW, Stiftung Museum Kunstpalast, Düsseldorf, (c)
summer group show, Galerie Heinz Holtmann, Köln /Cologne
sculpture NOW, Galerie Ruth Leuchter, Düsseldorf
group show, Galerie Heinz Holtmann, Köln/Cologne
2012 *66. Internationale Bergische Kunstausstellung*, Museum Baden, Solingen, (c)
new talents, junge biennale Köln/Cologne, (c)
new talents, Landesvertretung NRW, Berlin
2011 *Deserto Rosso*, MAP, Düsseldorf
Kunstverein Oberhausen
Galerie Heinz Holtmann, Köln/Cologne
British Ceramics Biennial, Stoke-on-Trent, England
2010 *Grosse Kunstausstellung NRW*, Stiftung Museum Kunstpalast, Düsseldorf, (c)
2009 *parcours interdit*, Malkastenpark Düsseldorf, (c)
Trendwände, Kunstraum Düsseldorf
2008 *fremdkörper*, Orangerie Schloss Benrath, Düsseldorf
2007 Gottfried-Brockmann-Preis, Stadtgalerie, Kiel, (c)
Muthesius Export, Kunstverein Linda, Hamburg
2006 *WalzSchelleWerk*, Clubruine, Düsseldorf
Klasse Kamp 1974-2006, Kunsthalle und/and Kunstakademie Düsseldorf, (c)
2005 *Muse heute - Inspirationsquellen aktueller Kunst*, Kunsthalle und/and Städtische Galerie Bremen, (c)
Berlin-Kiel – junge Kunst, Kunstverein Schloß Plön
Stadtzeichen, Stadtgalerie Kiel
pre-production, Landesvertretung SH Berlin
2004 *Altar und Tafel*, Landeskulturzentrum Salzau, (c)

(c) = Katalog / catalogue

Diese Publikation erscheint anlässlich der Ausstellung *Gravity on a Journey* Kunstsammlung Nordrhein-Westfalen, Düsseldorf, K21 Ständehaus, 31. März bis 24. September 2017

This book is published on the occasion of the exhibition Gravity on a Journey *Kunstsammlung Nordrhein-Westfalen, Düsseldorf, K21 Ständehaus, 31 March to 24 September 2017*

Herausgeber / *Editor*
Kunstsammlung Nordrhein-Westfalen, Düsseldorf

Texte / *Texts*
Dr. Thomas A. Lange
Anette Kruszynski
Susanne Meyer-Büser

Gestaltung / *Design*
Adeline Morlon

Fotonachweise / *Photo credits*
Dejan Saric

Lithografie / *Image Editing*
bildarbeit, Henning Krause

Übersetzung / *Translation*
Andrea Scrima

Lektorat / *Copy Editing*
DISTANZ Verlag

Produktion / *Production Management*
DISTANZ Verlag

Gesamtherstellung / *Production*
druckhaus köthen GmbH & Co. KG, Köthen

Impressum

Vertrieb / *Distribution*
Gestalten, Berlin
www.gestalten.com
sales@gestalten.com

ISBN 978-3-95476-208-8
Printed in Germany

Erschienen im / *Published by*
DISTANZ Verlag
www.distanz.de

Diese Publikation wurde von der NATIONAL-BANK ermöglicht.

Kindly supportetd by NATIONAL-BANK

Dank / *Acknowledgement*

Ich danke Flora und Emil Hitzing, ohne die meine Arbeit so nicht möglich wäre. Der Kuratorin Susanne Meyer-Büser danke ich herzlich für die Betreuung der Ausstellung und für die gute Zusammenarbeit. Mein ganz besonderer Dank gilt Dr. Thomas A. Lange für die großzügige Finanzierung dieses Buches. Ich danke Cary und Dan Bronner, Gil Bronner, Eike Dürrfeld, Alexander Gamkrelidze, Jens Hitzing, Katharina Klang, Christoph Knecht, Anette Kruszynski, Adeline Morlon, Maria Müller-Schareck, Nanne op 't Ende, Marianne Peijnenburg, Dejan Saric, Thomas Schulte und dem gesamten Team der Kunstsammlung Nordrhein-Westfalen.

Thank you to Flora and Emil Hitzing without whom my work would not be possible. My warm thanks to curator Susanne Meyer-Büser for the supervision of the exhibition and for the good cooperation. My special thanks go out to Dr. Thomas A. Lange for his generous support in funding this book. I thank Cary and Dan Bronner, Gil Bronner, Eike Dürrfeld, Alexander Gamkrelidze, Jens Hitzing, Katharina Klang, Christoph Knecht, Anette Kruszynski, Adeline Morlon, Maria Müller-Schareck, Nanne op 't Ende, Marianne Peijnenburg, Dejan Saric, Thomas Schulte, and the entire team at Kunstsammlung Nordrhein-Westfalen.

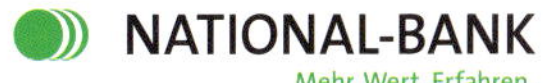

Direktion, Vorstand / *Directors, Executive Board*

Künstlerische Direktorin (kommissarisch) /
Artistic Director (temp.)
Anette Kruszynski
Kathrin Beßen, Jutta Bock

Kaufmännischer Direktor (kommissarisch) /
Commercial Director (temp.)
Dieter Kükenhöner
Arpi Sarkissian

Leitung Wissenschaft /
Head of Curatorial Department
Anette Kruszynski
Dorothee Jansen, Doris Krystof, Isabelle Malz, Susanne Meyer-Büser, Maria Müller-Schareck, Katja Winterpagt, Falk Wolf

Leitung Bildung / *Head of Education*
Julia Hagenberg
Regula Erpenbach, Annika Plank, Lucia Riemenschnitter, Sarah Schmeller, Peter Schüller, Angela Wenzel, Christoph Windmüller

Leitung Bibliothek / *Head of Library*
Henry Vauth
Andreas Peters, Marimba Williamson

Leitung Ausstellungsmanagement /
Head of Exhibition Management
Stefanie Jansen
Dagmar Kurtz, Charlotte Wagner-de Souza Silveira

Leitung Registrar / *Head of Registrar's Department*
Katharina Nettekoven
Johanna Eßer

Leitung Restaurierung / *Head of Conservation*
Otto Hubacek
Elena Fernandez-Vegue, Sven Kamp, Melanie Lindner, Jessica Völkert-Lunk, Nina Quabeck, Anne Skaliks, Andreas Volkmer

Leitung Kommunikation / *Head of Communication*
Gerd Korinthenberg

Bereichsleitung Marketing / *Marketing Department*
Cornelia Heising
Marita Rowlands

Bereichsleitung Digitale Kommunikation /
Department of Digital Communication
Alissa Krusch
Jan-Marcel Müller

Bereichsleitung Vertrieb / *Head of Sales*
Cordula Frevel
Alexia Krauthäuser, Simone Rachel, Uta Rottmann, Marion Vogt

Bereichsleitung Besucherservice /
Head of Visitor Service
Cäcilie Teschner
Wolfgang Bednarek, Nikolaos Kessopoulos, Philip Trabert

Editionen / *Editions*
Gabriele Lauser

Leitung Verwaltung / *Head of Administration*
Christian Kalinofski-Riem
Klaus-Peter Allenstein, Jürgen Dreßler, Claudia Fischer-Jaworsky, Ingo Lanninger, Frank Mankel, Stefan Müller-Stapper, Thomas Weiland

Bereichsleitung Finanzbuchhaltung /
Financial Accounting
Caroline Krump
Susanne Finken, Kerstin Thielo

Bereichsleitung Vergabe/Einkauf/Recht / *Head of Public Procurement, Acquisition, Purchasing, Legal*
Susanne Valluet

Stabsstelle Personal / *Head of Human Resources*
Monika Fischer
Georgia Coutri

Leitung Technik / *Head of Technical Department*
Bernd Schliephake
Andreas Grella, Birger Labinsch, Jens Meller, Oswin Schmidt, Zoltan Ternai

Bereichsleitung Schreinerei, Schlosserei, Lager, Fuhrpark / *Department of Carpentry, Metalworking, Storage, Car Pool*
Bernd Strauchmann
Thomas Hoppe

Bereichsleitung Sicherheit / *Head of Security*
Ramon Karbach
Dietmar Bütau, Artur Burgner, Lothar Finken, Andreas Grund, Philipp Grund, Nicholas Robert Johnson, Franz Josef Kleschautzky, Carsten Laaser, Torsten Machtans, Mario Metz, Manfred Pachali, Elvis Selim, Katrin Sondermeier, Michael Stanaszek, Daniel Vetter, Manfred Wirsig, Jens Wünsche

ArtPartner Relations GmbH
Geschäftsführung / *Director*
Sandra Christmann
Verena Lieven, Carina Mausolf, Antonella Sbarra, Hannah Wittenberg, Valentina Wöber

Gesellschaft der Freunde der Kunstsammlung Nordrhein-Westfalen e. V. / Association of Friends of Kunstsammlung Nordrhein-Westfalen e.V.
Vorsitzender / *Chairman*
Robert Rademacher
Geschäftsführung / *Director*
Jutta Müller

Stiftung Kunstsammlung Nordrhein-Westfalen
Grabbeplatz 5
40213 Düsseldorf

K20 Grabbeplatz | K21 Ständehaus | Schmela Haus
www.kunstsammlung.de

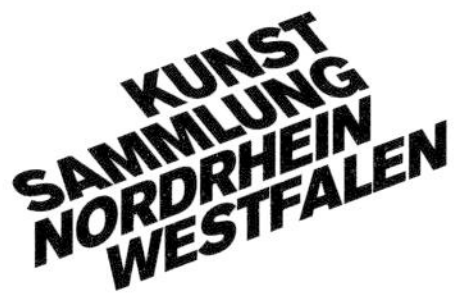